# 媒介化时代的科学传播：
# 挑战和策略

芮牮◎著

中山大学出版社
·广州·

版权所有　翻印必究

**图书在版编目（CIP）数据**

媒介化时代的科学传播：挑战和策略 / 芮牮著.
广州：中山大学出版社，2025.5. -- ISBN 978-7-306-08413-2

Ⅰ．G206.2

中国国家版本馆CIP数据核字第2025QL4035号

MEIJIEHUA SHIDAI DE KEXUE CHUANBO：TIAOZHAN HE CELÜE

| 出 版 人：王天琪
| 策划编辑：王旭红
| 责任编辑：陈　莹
| 封面设计：林绵华
| 责任校对：张　照
| 责任技编：靳晓虹
| 出版发行：中山大学出版社
| 电　　话：编辑部 020-84111997，84111996，84110283，84113349
| 　　　　　发行部 020-84111998，84111981，84111160
| 地　　址：广州市新港西路135号
| 邮　　编：510275　　　　　　　传　真：020-84036565
| 网　　址：http://www.zsup.com.cn　E-mail：zdcbs@mail.sysu.edu.cn
| 印 刷 者：广州市友盛彩印有限公司
| 规　　格：787mm×1092mm　1/16　12.5印张　198千字
| 版次印次：2025年5月第1版　2025年5月第1次印刷
| 定　　价：58.00元

如发现本书因印装质量影响阅读，请与出版社发行部联系调换

# 序

我对芮牮的第一印象是他在我校传播系读博士研究生期间，为一个研究项目来向我咨询结构方程模型数据分析。当大多数博士研究生还在纠结要做什么选题时，芮牮已经掌握了高阶的统计方法，独立收集数据并发表论文。从那个时候开始，我就知道芮牮有成为一名优秀社科学者的潜力。十几年过去了，他不仅成长为一名出色的研究者、导师、学术带头人，而且正在为科学传播这一新兴领域在中国的进一步拓展贡献自己的力量。

芮牮教授撰写的《媒介化时代的科学传播：挑战和策略》不仅为媒介化时代的科学传播提供了系统性的综述，而且对整个传播学的经典理论和研究方法进行了细致的推广和反思。作为一名在密歇根州立大学获得硕士学位、在纽约州立大学布法罗分校获得博士学位，又在中美两国从事教学工作多年的传播学学者，芮牮教授认真研习了传播学领域最新的学术发现和理论发展，并将这些心得应用于对媒介化时代民众传播行为的细心观察。

芮牮教授对科学传播领域的主要理论和研究方向的洞察全面而精准。同时，他用日常生活中许多人都能感同身受的实例来阐述和印证这些理论，提高了本书的可读性和实用性。虽然我在科学传播、风险传播、健康传播和环境传播领域发表了百余篇论文，但至今还没有尝试过写这样一本专著。因此，我很敬佩芮牮教授能静下心来梳理科学传播领域理论发展的重要节点，同时尽可能地将该领域最新的研究方向和成果介绍给国内的学者。

2024年秋天，我参加了世界科技传播学会（PCST）在苏州大学举行的会议，结识了国内很多致力于科学传播的同行，也因此对科学传播在中国的进一步发展充满了希望。在当今的美国社会中，反科学、反理智的人群和思潮越发增长，科学传播尤显重要。作为 Science Communication（《科学传播》）的主编，我相信并期待芮牮教授的这本专著能吸引更多新一代的学生和学者进入科学传播这个领域。

Janet Yang（杨郑）

美国纽约州立大学传播系教授

*Science Communication* 主编

# 前 言

随着互联网、移动媒体、智能媒体日益普及并成为我们日常生活中不可分割的部分，人类社会已然迈入了媒介化社会。在社会媒介化的时代，媒体平台成为人们获取信息的主要渠道。在我们通过社交媒体、短视频平台、搜索引擎获取各类新闻的同时，科研机构、政府、科学协会（学会）和其他社会组织机构也通过这些媒体将最新的科学研究成果、发现和知识传达给公众。

在社会媒介化的时代，科学传播通过媒体的力量，能够更广泛、更迅速地将科学知识传播到社会各个角落，使科学不再局限于实验室，而成为大众共享的财富。同时，随着科技的迅速发展，科学传播方式更为多样和生动。虚拟现实、数据可视化、科学动画等技术手段使得科学传播不再局限于文字和静态图表的形式，而能够以更直观、更引人入胜的方式呈现科学概念和科学现象。此外，借助强互动性的网络新媒体，科学传播不再是单向的信息传递，而是科学家与公众之间得以建立起更加密切沟通的渠道。

网络新媒体扩大了科学传播的受众范围，但在面对缺乏专业背景、缺乏学习动力的普罗大众时，传播内容、传播形式乃至传播目标都可能需要因此而调整。网络新媒体在促进科学信息传播的同时，也给虚假信息插上翅膀，而智能媒体的出现则令人对虚假信息防不胜防。因此，帮助公众辨识虚假信息成为科学传播学者和从业人员的重要使命。媒体的介入固然可以助力科学传播，但媒体更倾向于报道引人注意的、具有前瞻性的科学新闻，而非始终关注虽然更为重要但可能较为晦涩的科学进展。这不仅意味着科学传播需要在吸引流量和传播准确信息之间寻找恰当的平衡点，更反映出当参与科学传播的主体增多时，如何平衡各个主体之间的关系，将成为科学传播的一大挑战。

党和政府敏锐捕捉到了科学传播的这些机遇和挑战，紧锣密鼓地作出了一系列部署。党的十八大以来，习近平总书记高度重视科学普及工作，强调"要把科学普及放在与科技创新同等重要的位置"[①]，为新时代科普高质量发展指明了前进的方向。在习近平总书记的号召下，各级政府机构均出台了相关的政策，鼓励科学传播。2021年，国务院印发《全民科学素质行动规划纲要（2021—2035年）》。2024年12月25日，第十四届全国人民代表大会常务委员会第十三次会议修订通过《中华人民共和国科学技术普及法》。

本书正是基于这一背景编写的，旨在探讨在媒介化时代的大背景下科学传播面临的挑战以及应对策略。全书共分四编，总计11章。第一编包括第一章和第二章，聚焦媒介化时代科学传播的概念和背景介绍，重点探讨科学传播概念的演进，揭示媒介技术变迁对科学传播的影响。第二编包括第三章至第六章，从媒体（第三章和第四章）和公众（第五章和第六章）两个角度解释科学信息在经过媒体加工传递到公众这一过程中发生的变异及内在原因，回答为什么传统的科学传播模型不适用于当今媒介化社会。第三编包括第七章至第十章，从认知（第七章）、情感（第八章）和社交（第九章）三个角度梳理相关理论研究和案例，并介绍科学传播方案设计的流程（第十章），重点回答如何在媒介化时代牢牢抓住受众、做好科学传播这一问题。第四编即第十一章，介绍国内外不同主体参与科学传播的案例，并提出科学传播需要走社会化路径的发展方向。

本书的完成要感谢美国北伊利诺伊大学的袁姝培副教授，我与她经过多次讨论后定下了本书的框架结构。感谢博士研究生姚遥、硕士研究生李林燕和郑雯斐，他们为本书的撰写提供了丰富的案例资料。最后由衷感谢我的搭档——华南理工大学新闻与传播学院的陈娟教授，她对学术研究和社会现实的深刻见解、对我一如既往的支持和鼓励，为这本教材的完成乃至我的工作提供了源源不断的动力。

本书可作为科学传播、健康传播、环境传播相关课程的教材。同时，对从事科学传播工作的读者而言，本书也是用于了解科学传播领域重要理论、研究和方法的参考书籍。囿于作者的学识和精力，本书难免存在疏漏和不足之处，恳请广大读者批评指正。

芮牮<br>
2023年12月于广州

---

[①] 《新华时评：让创新和科普两翼齐飞》，见中国政府网（https://www.gov.cn/xinwen/2016-06/01/content_5078735.htm），刊载日期：2016年6月1日。

# 目录 CONTENTS

## 第一编

### 第一章 理解科学传播——从科学普及到科学传播

第一节 第二次世界大战前的科普 …………………… 3

第二节 反思科普 …………………………………… 7

第三节 科学传播的定义 …………………………… 11

第四节 怎样进行科学传播 ………………………… 14

### 第二章 媒介环境与科学传播

第一节 科学传播的媒介发展史 …………………… 21

第二节 网络新媒体时代的媒介环境 ……………… 29

第三节 网络新媒体对科学传播的影响和启示 …… 34

## 第二编

### 第三章 被议程设置的科学传播

第一节 议程设置理论 ……………………………… 39

第二节 科学传播中的议程设置 …………………… 46

## 第四章 科学议题中公众舆论的形成

第一节 涵化理论：被媒体控制的对现实世界的认识 … 54

第二节 沉默的螺旋理论：被媒体控制的社会舆论 …… 58

第三节 科学传播语境中的涵化效应和沉默的螺旋理论 …………………………………………… 62

## 第五章 科学信息获取和理解的不平等

第一节 科学传播中的知识鸿沟 ………………… 70

第二节 从知识鸿沟到数字鸿沟 ………………… 74

第三节 缩小知识鸿沟和数字鸿沟 ……………… 78

## 第六章 科学传播中的使用与满足理论

第一节 公众使用媒体的动机 …………………… 84

第二节 公众理解媒体信息的规律 ……………… 88

# 第三编

## 第七章 风险信息传播

第一节 风险传播理论发展史 …………………… 101

第二节 风险传播的重点概念 …………………… 106

第三节 风险传播信息设计 ……………………… 113

## 第八章 情绪诉求与科学传播

第一节 常见情绪的影响机制 …………………… 118

第二节 科学传播中情绪诉求的效果和实例 …… 123

第三节 在科学传播叙事中使用情绪诉求 ……… 129

## 第九章 社会规范在科学传播中的运用

### 第一节 社会规范的特征和分类 ········· 135
### 第二节 社会规范在科学传播中的应用 ········· 138
### 第三节 怎样影响公众的感知规范 ········· 146

## 第十章 科学传播的方案策划

### 第一节 社会营销路径 ········· 150
### 第二节 形成性研究 ········· 152
### 第三节 形成性评估和传播方案策划 ········· 158
### 第四节 传播方案的评估 ········· 163

# 第四编

## 第十一章 科学传播的社会化路径

### 第一节 我国科学传播的现状 ········· 167
### 第二节 科学传播案例分析 ········· 170
### 第三节 科学传播社会化的潜在问题 ········· 187

第一编

# 第一章

## 理解科学传播
### ——从科学普及到科学传播

"周末去干什么？去科学馆逛逛吧。"近年来，随着党和国家对科学普及（简称"科普"）的重视以及我国科普事业的蓬勃发展，越来越多的年轻人将科普场馆作为周末和节假日的休闲场所。据统计，截至2021年，全国共有科普场馆1677个，比2020年增加152个；举办的线上线下科普讲座和竞赛的数量较之于2020年分别增长了108.24%和294.22%。[1] 此外，不仅是科普场所，与科普相关的媒体也呈现一派欣欣向荣的景象。截至2020年，全国共有科普网站2732个、科普类微博4834个，发文量200.82万篇，阅读量达到160.90亿次；有科普类微信公众号9612个，发文量138.68万篇，阅读量达到28.04亿次。[2] 这些线上的科普媒体、科普场馆，以及讲座、展览、竞赛等线下活动在全社会形成了科学传播矩阵，对公众进行了全方位的科学教育。然而，每天看科普短视频、每周逛科学馆的你，真的知道什么是科普吗？你是否听说过另一个叫作科学传播的概念呢？这两者之间有什么区别和联系？我们应该怎样通过动员全社会的力量，群策群力做好科学传播的实践工作呢？

---

[1]《全国科普统计数据：2021年全国共有科技馆和科技类博物馆1677个》，见中国政府网（https://www.gov.cn/xinwen/2022-12/31/content_5734437.htm），刊载日期：2022年12月31日。

[2]《"十四五"国家科学技术普及发展规划》，见中国政府网（https://www.gov.cn/zhengce/zhengceku/2022-08/16/content_5705580.htm），刊载日期：2022年8月4日。

## 第一节
## 第二次世界大战前的科普

### 一　古代社会的科普

在许多人看来,"科普"这个词似乎是在近现代才出现的,毕竟尊重科学、依照科学结论进行决策的观念得到普遍认可也只是近几十年的事情。但实际上,科普的实践古已有之。早在数千年前,我们的祖先就用文字记录了他们在日常研究和实践中发现的新知识、新技能,启迪了民智,推动了人类生产技术的进步。

在我国漫长的历史上,涌现出许多杰出的科学家,他们留下的著作是人类文明的结晶。例如,1637年,明朝科学家宋应星刊行了世界上第一部关于农业和手工业生产的综合性著作《天工开物》。该书介绍了许多手工艺品和农作物的原料产地、生产技术、采集加工过程和工艺流程等,被称为"中国17世纪的工艺百科全书"。这样一部书籍的传播无疑起到了科普的作用。再如,北宋的科学家沈括于11世纪末撰写了《梦溪笔谈》。这是一本涉及天文、数学、物理、化学、生物等各个学科门类知识的总结。更难得的是,许多古代科普著作仅在自己国家中传播,而《梦溪笔谈》的影响则跨出了国门、走向了世界。日本早在19世纪便排印了这部著作;到20世纪,欧洲的汉学家则对这本著作进行了深入、系统的研究,将它翻译成英语、法语、德语、意大利语等多种语言。英国科学史学家李约瑟更评价《梦溪笔谈》为"中国科学史上的里程碑"。与《梦溪笔谈》类似的,也在国际上取得了重要影响力的另一本我国古代科学著作便是《本草纲目》。成书于16

世纪的《本草纲目》，现已成为国内外学者研究中医药文化发展的重要参考书目。

18世纪60年代工业革命之前，西方社会也取得了重要的科学成就，留下了许多重要的著作。西方科学史的第一个高潮是古希腊、古罗马时代，留下了诸如老普林尼的《博物志》、泰奥弗拉斯托斯的《植物史》等百科全书式的作品。蛮族的入侵、罗马帝国的灭亡，使欧洲进入科学发展一度停滞的中世纪。直到文艺复兴和启蒙运动时期，西方才进入了第二个科学发展的高潮。在这一时期，西方科学家在生物、物理、化学、天文、数学等领域均取得了许多突破性的成就，这为近现代科学体系的形成奠定了基础。

在古代社会中出现的这些科学成就其实是人类社会发展的必然产物。人类要生存，必然要进行农业、手工业生产；要进行农业、手工业生产，则必然需要科学知识和技术作为支撑。当人类在科学知识和技术方面的经验和成果积累到一定程度时，就必然需要一些学者对这些知识进行汇总。而对这些知识进行传播也是人类社会发展的必然要求，因为只有让更多的人接触到这些知识，才能进一步推广知识和技术，促进二者的进步。

然而，在步入近现代社会之前，无论是在我国还是在西方国家，科学著作的传播范围都是有限的，根本原因在于基础教育并未在民众中普及。因此，这些著作大多只能在上流社会中传播。例如，在启蒙运动之前的欧洲，由于教育被教会和贵族垄断，科学知识和科普著作只能在贵族的沙龙、中世纪的大学等场所中传播。在我国古代，许多撰写科普著作的人并非专门研究某一学科的学者。例如沈括，其主要身份是士大夫。所以，他们的著作更多是针对几个学科领域研究的总结，受众也主要是同为士大夫的知识分子。总而言之，由于基础教育并未在全社会普及，古代的科普更像是知识精英的"自娱自乐"，并未实现针对普通民众的传播。

## 二 近代社会的科普

19世纪中叶，欧洲国家纷纷完成了第一次工业革命。工业革命带来的经济腾飞和国家的快速发展，使欧洲各国的精英阶层都见识到了科学知识和技术的力量。工业革命催生了数量庞大的新兴资产阶级，接受教育不再是贵族和教会的特权。在这一时期，新兴资产阶级往往借助科学知识挑战封建贵族和教会的知识权威，科学知识于是被赋予了反封建、反专制、反教会的意义，并在实质上成为革命和阶级斗争的工具。科学知识在客观上的确推动了欧洲国家的发展和社会的进步，也在人类历史上第一次被赋予了政治化的含义。

另外，欧美国家的快速发展使得殖民扩张成为整个19世纪西方国家的发展主线。殖民扩张的历史肇始于15世纪的新航路开辟和地理大发现，而科学技术的进步又为19世纪以后的殖民扩张赋予了新的含义。在这之前，欧洲人在亚洲、非洲、美洲开拓殖民地的重要动力之一是传播宗教，即用所谓"先进"的基督教感化、改造"野蛮"的殖民地原住民。19世纪，欧美国家在科学发展上占据了优势地位。这种居高临下的优越感伴随着拯救"落后"文明的使命感，使得西方殖民者决意要用现代科学文明改造殖民地。在这样的思想观念的指引下，19世纪的殖民主义叙事赋予了科学"先进""文明"的含义。而站在殖民地人民的角度看，科学则无疑成为控制、奴役、统治的工具。而无论是哪种立场，科学的政治属性都非常明显。

1840年，鸦片战争爆发，中国历史进入近代史的阶段。从晚清开始，中国历史发展的主题便是救亡图存。在这样的大背景下，科普逐渐受到重视。洋务运动的兴起使国家对近代科学人才的需求激增，数学、物理、化学等自然科学开始进入学校教育。各地政府、社会团体、知名社会人士纷纷捐款捐物，兴建科普场馆。而现代大众媒体的勃兴也为科普提供了技术支撑。借助报纸等大众媒体，科普作品开始在全社会范围内广泛地流行开来。例如，民国政府曾利用漫画大力推广健康、文明的生活方式，被称为"新生活运动"。这可看作是我国近代史上一次大规模的科普尝试。在救亡图存的大背景下，科学在我国被赋予了富强、发展、文明、进步等含义。

综上所述，工业革命和随之产生的国家现代化进程改变了社会结构，也改变了科普的社会基础。在欧美国家，资产阶级的壮大，使得科学知识在更大范围内的传播成为可能。在我国，因鸦片战争而被迫开启的近代化，使知识分子和一部分士大夫主动学习先进的科学知识，同时摒弃传统封建教育，培养科学人才。谈论科学、学习科学、运用科学不再是封建贵族、教会、士大夫的特权，因为社会进步和国家发展要求更多人具备一定水平的科学素养，从而能更好地投身于国家建设中。这一要求也就促使科普从小范围的同行业传播转向大范围的全社会传播。

此外，无论是在中国还是在欧美国家，第二次世界大战（简称"二战"）之前的科普均具有许多相同点。例如，科普的目标都是教育民众、提高民众的科学知识水平、为国家储备科技人才；传播模式都是以灌输知识为主要形式的单向传播。之所以会出现这些特点，是因为二战前，中西方社会对科学的认知大致相同。当时的主流观点认为科学是正确的、不容置疑的，科学是进步的、文明的、符合现代主流的、富裕的、发展的；反之，与科学相悖的就是落后的、愚昧的、逆历史潮流而动的、贫穷的、停滞的。这种观点的形成基于当时人们对科学带来的影响的观察，这种观察赋予了科学强烈的工具属性，也使得当时的科普带有强烈的精英主义色彩。

## 第二节
# 反思科普

### 一 对科学本质的反思

二战不仅改变了人类历史,还改变了科学史和科普史,因为二战促使人们开始反思科学和科普的精英主义定位。二战期间发生了一系列惨绝人寰的事件,而这些事件的发生,无一例外都有当时的"科学研究"作为依据。例如,纳粹德国在欧洲进行的种族屠杀,其依据是以种族优劣为底层逻辑的种族主义理论;日本在中国东北进行的人体实验,打着"科学研究"的旗号;美国在日本投下的原子弹,其背后也凝聚了无数科学研究的成果。甚至如果我们将目光投向更遥远的第一次世界大战和克里米亚战争,就会发现这些现代战争比古代战争惨烈百倍,恰恰是科学进步的结果。从这个角度看,科学是一把双刃剑,如果利用不当,则可能会带来一系列灾祸。而我们需要明确的是,发展科学的初衷应该是为人类带来更多福祉。

如果说这些反思只是在伦理道德层面对科学进行了批判,卡尔·波普尔的研究便在哲学层面挑战了科学的绝对权威主义观念。[1]卡尔·波普尔的科学观来源于两个方面。一方面是他反权威的政治观点。同当时许多欧洲学者一样,卡尔·波普尔认为科学在二战中充当了刽子手的帮凶的角色。另一方面,卡尔·波普尔受苏格兰哲学家大卫·休谟的影响很深,在哲学

---

[1] Popper K, *Conjectures and Refutations: The Growth of Scientific Knowledge*, London: Routledge and Kegan Paul, 1963.

上持怀疑主义观点。在这两种观点的影响下，卡尔·波普尔提出，科学研究的最重要特征是可证伪性。例如，上帝是否存在就不是一个科学问题，因为你无法用实证主义的研究方法证明上帝是存在的，也无法证明上帝是不存在的。如果正确与谬误像月亮的明面和暗面，证实和证伪就应该同时存在于一个科学问题中。既然科学研究可以被证伪，那么我们就无法完全认定科学研究的结果一定是百分之百正确的。从历史发展的角度看，在某个历史阶段，由于知识水平和科研条件的限制，人们对某种事物的认知可能是错误的，但在当时，人们却普遍认为它是正确的。直到几十、几百年以后，新的方法被发明，新的发现被揭晓，人们才推翻了之前的认知。因此，卡尔·波普尔对科学本质的理解采用的是一种动态化的视角。尽管他的观点也存在争议，例如，曾有人认为他的主张将使科学陷入不可知论，但他从科学哲学的角度挑战了科学权威主义的价值观，由此修改了科学的内核。科学不再像二战前那样被人们奉为绝对的真理，反思和批判才是科学精神的内核。

## 二 对科学研究活动的反思

除了可证伪性外，卡尔·波普尔还提出了科学的其他属性，其中之一便是公开性。需要注意的是，公开性和可证伪性是紧密相关的。正是因为科学应该是可证伪的，所以才必须确保科学研究的过程和结果是公开的，以便让更多的人参与到监督科学知识生产的过程中。

然而，究竟应当让谁来监督科学知识的生产？如今，科学家要想发表自己的研究成果，必须将研究过程和发现写成论文，并投稿给期刊。期刊再寻找同一领域的学者评审论文，才能决定是否让其发表。这种制度被称为同行评议制度。今天，这种同行评议制度早已被人们默认是正确且必需的，但事实上，这个制度仅仅可以追溯到1965年。在1965年以前，不是所有的科学研究论文都需要经过其他学者的审阅之后才能发表，更不用说让科学家将自己的研究过程和结论公之于众，并接受未经过专业学术训练的普罗大众的监督与审核了。在很长的一段时间里，科学知识的生产过程是否应当被公开、应当向谁公开、应该接受谁的监督与质询，学术界围绕这些问题产生了许多争论。

科学知识和技术对当代社会产生了巨大的影响，但是历史证明，这些影响对人类而言并不一定都是正面的。因此，不能任由科学研究像一匹脱缰的野马一般肆意奔驰，而要对其进行必要的约束——这是一个科学伦理问题。1985年，英国皇家学会发表了一份题为"The Public Understanding of Science"（《公众理解科学》）的报告。[①] 该报告指出，让公众理解科学、参与科学知识生产的过程并在其中发挥监督作用是必要的。因为在当代社会中，科学对许多公共政策都产生了重要影响，例如环境保护、食品安全等，所以，科学研究的过程也应当接受公众的质询和监督。公众的监督和参与能够对科学研究中的负面影响产生制约作用，从而提高科学研究的正面价值和质量，使其能更好地为人类的福祉服务。

一方面，二战后各国普遍重视基础教育。从工业革命开始，世界各国陆续迈入现代化阶段，而现代化国家要求一国的绝大多数公民都接受基础教育，因为现代化国家竞争的关键是国民素质。二战后，和平成为世界的主流，这使得各国政府能够将更多的资源投入教育中。于是，在世界范围内，尤其在欧美国家，人们的识字率大幅度上升，高等教育日益普及。这无疑为民众监督科学研究奠定了认知基础。

另一方面，二战后在各国蓬勃发展的民间社团和公民运动，使得民众监督科学研究成为可能。二战以后，科学知识和技术被大量运用于民生领域，但当时的世界各国普遍追求经济发展，出现了许多为了经济发展而牺牲环境和民众健康的情况。例如，1956年，日本水俣湾附近发现了一种奇怪的病。这是由于当地的工厂长年将含有汞的废水排放到水俣湾中，污染了鱼虾，当地居民吃了这些受污染的鱼虾后纷纷染病，出现了行动困难、面部痴呆、口齿不清、全身痉挛、神经错乱等症状。这种疾病因发生在水俣湾附近而被称为"水俣病"。更可怕的是，水俣病并非个例；在日本的其他地方甚至世界上的其他国家，都发生过这类由环境污染导致的公共卫生事件。该类事件爆发后，民众为了维护自身利益，选择与污染企业和包

---

① The Royal Society of London, "The Public Understanding of Science," see https://royalsociety.org/~/media/royal_society_content/policy/publications/1985/10700.pdf.

庇企业的政府抗争。一些媒体、法律团体和政治团体也介入其中，支持民众的抗争。在抗争的过程中，民间社团逐渐成熟，形成了一套监督、表达、参与的行动体系，这些都为民众监督科学研究提供了组织上的准备。

## 三 对科普目标的反思

二战后的世界面临着新的挑战。自新航路开辟以来，世界各大陆之间相对孤立的状态被打破了。二战之后各国之间的经济贸易往来愈加频繁，加深了全球化的程度。这就使得许多问题不再是一个国家特有的问题，而是许多国家都必须面对和解决的问题。一个常见的例子就是环境保护问题。气候变暖、海平面上升、极端天气频发，这些问题不是困扰某一个国家的问题，而是需要全人类共同面对的挑战。要解决这个人类共同面临的问题，就需要各国人民共同行动起来，养成减碳节能的生活方式。

此外，要想彻底改善世界环境，孤立的个体行为改变是远远不够的。在中观层面，社区必须联合起来，共同做出努力，推进、落实减碳节能的措施；在宏观层面，各国政府必须改变公共政策，将减碳节能落到实处，为这种全新的生活方式提供基础设施。

上述行为的改变都需要通过科普活动来实现。这就对科普目标提出了新的要求。从一般传统意义上来说，科普只是为了提升人们的知识水平。但根据一些现实要求，科普不单是为了教会人们知识，它还肩负了改变认知、改变行为、组织动员、推动决策等使命。

综上所述，二战后的哲学、科学、伦理道德和世界发展趋势都表明，传统的以提高公众科学知识水平为目标、以单向传播为主要模式的精英主义科普已经不能满足需求了。一种目标更多元、形式更多样、强调公众参与的"草根式"科普应运而生，而这就是科学传播。

## 第三节
## 科学传播的定义

不同领域的学者对何为科学传播做出了多种界定。简言之，科学传播就是科学家与公众进行的关于科学的对话，但科学传播的内涵与外延显然远远超出这个定义。这里我们罗列几个经典的定义来帮助大家理解什么是科学传播。

在众多定义中，最经典的当属伯恩斯（Burns）、奥康诺尔（O'Connor）和斯托克迈尔（Stocklmayer）于2003年提出的AEIOU模型。[①] 这个模型认为，科学传播的目标是多元化、多层次的，主要包括五个层面：一是意识（awareness）层面，即了解、知道某科学知识；二是情感（emotion）层面，即喜爱科学，具体体现为参与与科学相关的活动时会产生积极、正面的情绪；三是兴趣（interest）层面，即对科学感兴趣，具体体现为会主动参加与科学相关的活动；四是观点（opinion）层面，即培养对科学的正确态度，尊重科学，按照科学研究的结果进行决策；五是理解（understanding）层面，即理解科学的内核、理解科学与社会的互动关系。

此外，AEIOU模型还认为，科学传播的参与主体是多元的，除科学家外，还包括政府、媒体、企业和公众四种。公众不仅是科学传播信息的接受者，而且是科普活动的积极参与者。随着全民教育的普及和新媒体技术的推广，公民科学（citizen science）这一概念出现了。公民科学，指的是

---

① Burns T W, O'Connor D J, Stocklmayer S M, "The AEIOU definition of science communication, science communication: A contemporary definition," *Public Understanding of Science*, 2003, 12(2): 183-202.

公众主要以两种形式参与到科学活动中：其一是以志愿者身份参与到科学研究和科普过程中；其二是以普通公民的身份参与到与科学研究相关的公共政策的制定和实施中，行使监督权。媒体不仅仅是科学传播的渠道和沟通的工具，新媒体从业人员有时也会成为科学传播中的传播者（如知识博主）。在西方国家，政府在科学传播中的作用只有一项，即服务；在我国，政府除了服务于科学传播外，还肩负了监督、评估的职责。企业通过建设科普基地、投资科幻主题的媒体作品、资助科学馆等形式，将科普商业化、产业化，从而使科普内容获得更广泛的传播。

2017年，美国国家学院提出了科学传播的另一个定义。如果说伯恩斯等人的定义更多是在个体层面探讨科学传播、集中讨论个人与科学的关系，那么美国国家学院关于科学传播的定义则更强调科学传播的社会功能。具体而言，美国国家学院认为，科学传播具有组织动员功能和政治功能。前者通过科学传播活动将不同社会团体联结起来，凝聚和动员社会力量；而后者则通过科学传播活动表达政治诉求，影响公共政策，这类似于公民科学中的公民监督行为。[①]

我国学者对科学传播也给出了不同的定义。其中最具代表性的是刘华杰对不同历史时期的科学传播模型进行的对比，如表1-1所示。他认为，第一阶段（即"传统科普"）是中心广播模型，代表的是国家或政党的立场；第二阶段被称为"公众理解科学"，即缺失模型，代表科学共同体（即科学家）立场，以向公众传递科学知识、教育公众为目标；第三阶段被称为"有反思的科学传播"，即对话模型（或民主模型），代表的是公民立场。此时的科学已融入日常生活，成为人们日常行为、政府决策的重要依据，因此自然要体现公众的立场、维护公众的利益。此外，刘华杰还对科学传播的目标做了归纳。他主张，普及科学知识固然重要，但更要普及科学思想和科学方法、培养和弘扬科学精神。同时，科学传播必须充分尊重公众对科学的知情权，既要宣传科学的正面价值，也要让公众理解科学的负面价值。基于此，科学传播不仅是某一学科的研究人员的工作，而且是科学

---

① The National Academy of Sciences, Engineering, and Medicine, *Communicating Science Effectively: A Research Agenda*, Washington DC: The National Academies Press, 2017.

与人文交融的过程，需要从科学哲学、科学史、科学社会学、传播学等学科中汲取理论资源。

表1-1 面向公众的科学传播的模型与立场

| — | 模型 | 立场 |
| --- | --- | --- |
| 传统科普 | 中心广播模型 | 国家（或政党）立场 |
| 公众理解科学 | 欠缺（或缺失）模型 | 科学共同体立场 |
| 有反思的科学传播 | 对话模型（或民主模型） | 公民立场 |
| 演化趋势 | 走向有反馈、有参与的模型 | 走向多元立场的共生 |

资料来源：刘华杰《科学传播的三种模型与三个阶段》，载《科普研究》2009年第2期，第14页。

综上所述，我们可以对科普和科学传播的区别做总结。

一是目标。科普的目标单一，而科学传播的目标更加多元。对于个人而言，科学传播的目标包括培养兴趣、培养意识、改变态度、改变行为；对于社会而言，科学传播的目标包括组织动员、监督与政治参与；对于某个科学事件而言，科学传播的目标包括影响个体和社会。从长远来看，科学传播的目标是提高全社会的科学素养，培养大众的科学精神。

二是实践路径。科普主要依靠单向传播，而科学传播则依靠双向互动。公众有对科学信息的选择权、知情权和对科学活动的参与权、监督权，这要求科学家以更加通俗易懂、贴近生活的方式向公众传播科学信息。科学家也应更重视与公众的互动，重视公众的反馈，从而提出更多、更新颖的科学传播形式，并通过更多的社会机构和组织扩大科学传播的影响力与公众的参与面。

三是价值观。科普和科学传播在价值观上的区别主要集中在两个问题上：一是公众与科学家之间是否应该是平等的，二是科学是否应该是不可置疑的权威。人们对科普持科学绝对权威主义观念，自然就认为公众与科学家的地位是不平等的；而科学传播则否定了科学绝对权威主义观念，认为公众与科学家的地位应该是平等的。

## 第四节
## 怎样进行科学传播

纵观人类科普历史，到目前为止，关于怎样进行科学传播，学者和科普从业人员已经总结出了许多经验，并将它们归纳为多个模型。

第一个具有代表性的模型被称为缺失模型（deficit model）。虽然学者们认为，这个模型直到20世纪80年代初才由美国学者约翰·杜兰特（John Durant）正式提出，但长久以来的科普实践一直遵循着缺失模型。这个模型认为，公众不接受科学技术、理念和产品，或者对它们持怀疑态度，是因为公众缺少相关的科学知识。要改变这个局面，就需要给公众普及相关知识，弥补这个缺失。只要公众能积累足够丰富的知识，他们就能认识和理解科学知识及技术的进步，对科学也会抱持更加正面的态度。

不难看出，缺失模型的逻辑非常简单。它认为，知识影响态度和行为，只要补充知识就能促进态度和行为的改变。时至今日，我们仍然能在现实生活中找到这个模型的许多影子。比如，每年的12月1日，在各大媒体和公共场所都能看到关于防治艾滋病的宣传。这些宣传旨在告诫民众，应该洁身自好。但是，无数现实案例已经证明了缺失模型是无效的。事实上，在现实生活中，科学传播经常呈现一种"鸡同鸭讲"的态势（见图1-1）。科学家们辛辛苦苦地向民众普及科学知识，然而民众却充耳不闻，甚至还对虚假信息趋之若鹜。为什么缺失模型会无效？我们将在本书的第三章至第六章向大家详细解释这个问题。不过至少我们知道，要想做好科学传播，就要规避缺失模型。

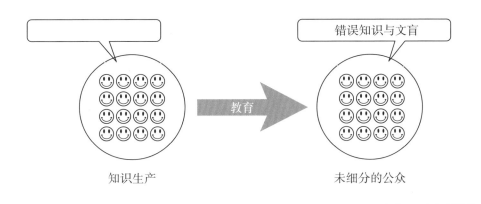

图1-1 缺失模型

图片来源：Pouliot C, "Using the deficit model, public debate model and co-production of knowledge models to interpret points of view of students concerning citizens' participation in socioscientific issues," *International Journal of Environmental and Science Education*, 2009, 4（1）: 53。

第二个具有代表性的科学传播模型被称为对话模型（dialogue model），又被称为公众参与科学（public engagement of science）。这个模型的提出正是源于人们对缺失模型的反思。经过长期的失败，科学传播学者和从业人员终于意识到，对于公众而言，现实世界的真相是什么并不重要，更重要的是他们对真相的认知。公众如何看待真相，决定了他们如何看待科学、看待科学家以及如何行事。此外，公众并不会被动地接受信息，他们会自己思考、判断并且与他人讨论。因此，公众的认知因素、情感因素和社交因素会影响他们对信息的解读。

基于此，科学传播学者及从业人员强调，应该摒弃缺失模型中科学家一味向公众灌输科学信息的模式，将科学传播从单向传播模式转为科学家和公众的双向互动模式（见图1-2）。科学家除了要向公众传播知识，还应倾听公众的反馈，与公众讨论，在讨论中帮助公众明辨事实。因此，科学家应坦诚地与公众讨论风险和不确定性，倾听公众的疑惑和忧虑。科学知识也不再是科学传播中的唯一信息，与之相关的价值观、伦理道德、政策影响、社会影响也是科学传播中的一部分。这样一来，传播科学知识就不再是唯一的目标，树立公众的科学观念和意识也是科学传播的目标之一。

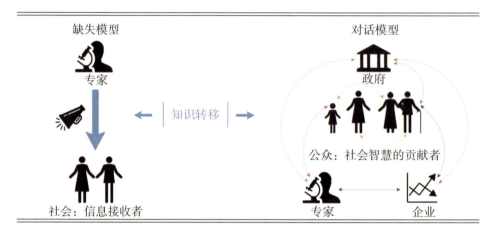

图1-2 缺失模型和对话模型的比较

图片来源：Courchamp F, Fournier A, Bellard C, et al., "Invasion biology: Specific problems and possible solutions," *Trends in Ecology & Evolution*, 2017, 32（1）: 20。

随着世界各国迈入媒介化时代，媒体在科学传播中的作用越来越受到广泛关注。科学传播学者和从业人员发现，不单单是人类的认知、情感和社交因素影响了科学知识的传播与公众对科学知识的接受程度，媒体在这一过程中也发挥了重要作用。因此，美国威斯康星大学麦迪逊分校的长期研究科学传播的学者迪特兰姆·A. 舍费勒（Dietram A. Scheufele）提出应该用政治传播的视角看待科学传播，并将据此提出的模型称为"作为政治传播的科学传播"（science communication as political communication[①]），如图1-3所示。他提出，科学家和公众之间的双向沟通在今天依然存在，但相较于从前，二者之间的沟通已然式微，因为绝大多数科学信息都要借助媒体来进行传播。科学家向媒体提供科学信息，媒体将科学信息包装、加工后传播给民众，并听取民众的反馈。这一切都在特定的社会政治环境中完成，这不仅是因为社会文化和政治制度会对科学家、媒体、公众以及他们之间的互动产生重要影响，更因为在当代社会，科学传播越来越具有政治化的

---

① Scheufele D A, "Science communication as political communication," *Proceedings of the National Academy of Sciences*, 2014, 111 (supplement_4): 13585-13592.

特点。科学问题与伦理道德、社会治理、公共政策、经济发展甚至外交、国际关系，均产生了千丝万缕的联系。因此，科学传播早已不是关于科学信息的传播和讨论，而是一切围绕科学信息展开的讨论和沟通。关于作为政治传播的科学传播模型的具体内容，我们将在本书第四章中详细说明。

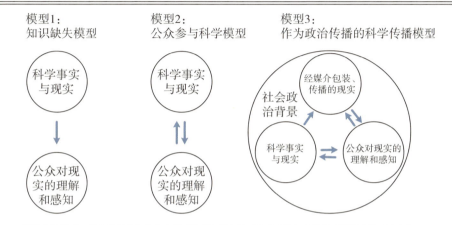

图1-3 作为政治传播的科学传播

图片来源：Scheufele D A, "Science communication as political communication," *Proceedings of the National Academy of Sciences*, 2014, 111（supplement_4）: 13587.

与前两个模型相比，作为政治传播的科学传播模型的特点是强调媒体在科学传播中的不可忽视的作用与影响。这当然要归功于传播学者对这个领域的介入。事实上，要做好科学传播，首先，我们必须承认一个基本事实，即科学传播是一个跨学科领域。在宏观层面，它涉及哲学、科学史、科学社会学等学科；在微观层面，它涉及传播学和心理学。在实践中，人们往往会陷入"重科学、轻传播"的误区，认为自己懂科学知识就够了，其他都不重要。但实际上，要想解决科学传播中公众学习和行为转化过程中的重要问题，既需要与其他专业的学者合作，也需要和媒体甚至政府、企业通力合作。其次，鉴于科学传播的目标是多元的，要做好科学传播还需要在制定方案时就明确精准的实践目标。比如，就受众而言，希望通过某个具体的科学传播方案达到怎样的目标，是提升兴趣还是改变意识，是改变行为还是号召倡议？而这些目标的制定都并非拍脑袋的决策，而是要基于对目标受众的观察和研究。再次，科学传播必须遵循以人为本的操作路径。因为公众在科学传播的过程中参与度更高，也拥有更大程度的选择权，所以有效的科学传播不仅要让信息能准确地触达目标受众，还要在纷繁复杂的媒介作品中抓住目标受众的眼球，吸引受众看完全部内容，并帮助他们记忆关键的信息点。这一切都建立在对受众的认知心理、行动心理了如指掌的基础上。最后，科学传播需要吸引更广泛的社会参与。如果仅仅依赖政府投入，科学传播就难以持续下去。因此，科学传播要具备可持续发展的能力，必须通过社会化、市场化、商业化自身"造血"，这同样需要公众广泛参与科学传播。要想吸引公众参与，必须设计更新颖的科学传播形式，提升受众的卷入度，培养受众的兴趣，否则科学传播难以在竞争日益激烈的媒体市场中存活。为此，国内外许多社会组织和商业公司都投入科学传播的市场中，通过打造科普基地、研发科普游戏、资助科普文化产业等形式，积极抢夺公众对科学的注意力和兴趣。

如前所述，科学不是不可挑战的权威，这是当代科学传播的基础价值观，但这个基础价值观给科学传播带来了至少两个可能无法解决的困难。

其一，虽然卡尔·波普尔的科学观得到了一部分科学家的认可，但绝大多数公众仍然认为科学是不容置疑的权威。在许多科学事件中，公众需要的是确定的答案。比如，在日本排出核废水这一事件中，公众希望知道核废水是否有害。但科学家们知道，囿于目前的科学理论、研究方法和设备仪器，许多问题在科学层面都是存在争议、无法得出唯一确定的结论的。所以，基于科学研究的严谨性，科学家们未必能给出公众所希望的确定的答案。

其二，如果科学不是不可挑战的权威，则科学的权威性必然会被消解，从而导致不可知论，并为虚假信息的传播创造机会和空间。即使是在科学发达的美国，也有许多宣扬诸如"地球不是球体，而是平的"之类的言论的反智组织。在一些重大公共卫生危机中，这类组织往往会成为滋生虚假信息的温床。

鉴于这些问题，我们是不是应该重塑科学的绝对权威，回到二战之前科学至上的传统时代呢？答案是否定的。因为要进行科学传播，还是要进行科普，这不是一个可以由任何个人选择的问题，而是社会发展的必然方向所导致的必然改变。无论在何种社会结构和体制，公众对自身利益的关切都是一样的。正如学者田松在他的论文《科学传播——一个新兴的学术领域》中所表达的，公众有权利要求科学家和科普机构创作出符合他们切身利益、能提高他们福祉的科普作品。从这个角度看，从科普向科学传播转变的这场变革，本质上是针对科普的一场平权运动。因此，我们只能顺应历史的潮流而动，并在历史的洪流中努力站稳，迎接各方面的挑战。[①]

### 本章思考题

1. 目前，网上有许多非科学家、非专业人士传播有关科学知识的视频和直播。与科学家和某一领域的专业人士进行的科学传播视频相比，你认为这些知识博主进行的科学传播活动的最大的区别是什么？

2. 根据本章中有关科学传播和科普的定义，结合生活中的例子，谈一谈哪些事例属于科学传播，哪些事例属于科普。

3. 你认为除了本章提到的那些目标，科学传播的目标还应该包括哪些？

4. 结合你的知识与观察，谈谈你对科学精神的理解。

---

① 参见田松《科学传播——一个新兴的学术领域》，载《新闻与传播研究》2007年第2期，第81—90、97页。

第二章

# 媒介环境与科学传播

"叮铃铃"——闹钟一响,你睁开眼睛,第一件事是去摸手机看现在是早上几点。看完时间,你发现有几条微信信息没回复。回复完微信,半睡半醒中的你不想起床。既然都打开手机了,那就多看一会儿吧。于是你刷了一会儿小红书App,看看又有哪些好吃、好玩的地方;又刷了一会儿豆瓣,看看你关注的小组里有什么新鲜的人和事。时间差不多了,于是你打算起床去洗漱,不过你仍然不忘打开哔哩哔哩(bilibili,简称"B站")App,随便点开一个讲解电视剧的视频,开始刷牙、洗脸。其实你也不知道那个B站UP主[①]在讲什么,但就是觉得要有背景音乐才能开启你的一天。洗漱完毕,你打开冰箱,随便取了食材,做了早餐,一边刷着微博,一边吃完早餐。走出家门,挤进地铁,你戴上耳机,开始听喜马拉雅里的音频节目。那是一档知识付费节目,虽然你也不知道在听什么,但觉得这点声音比地铁里嘈杂的噪音好听。

这是当代社会一个普通"打工人"开始一天的方式。与我们的父辈不同的是,在我们的每一天中,时时刻刻都闪现着媒体的影子。曾经,在机场等飞机时大家手里拿着的是杂志、小说,如今大家手里拿着的是手机;曾经,朋友聚会时大家都会聊天,而如今更多的是一桌子的人都刷着手机沉默地等着上菜。随着智能手机等移动设备的普及,我们与自己、与他人、与社会相处的方式都已经深深受到网络新媒体的影响。从微观层面看,我们获取信息、解读信息的方式都被网络新媒体所主宰;从宏观层面看,网络新媒体通过影响我们的所思所想,左右着社会舆论,几乎主导了公共政策和公共事务的走向。那么,这样的媒介环境会对科学传播产生怎样的影响?

---

① uploader,即新媒体平台中的内容创作者或发布者,简称"UP主"。

## 第一节
# 科学传播的媒介发展史

### 一　20世纪以前的科学传播

在回答本章导入语中提出的问题之前,我们先来梳理一下科学传播的媒介发展史。在第一章中,我们说过,科学传播或者科普的历史源远流长。在古代社会,许多贵族、士大夫、知识分子通过著书立说的形式记录了当时的科学成就。这些科学著作可被视为古代社会的科普例证。但是,由于当时统治阶级对教育资源的垄断,这些科普著作只能在小范围的人群内传播,无法像今天一样可以在全社会范围内广泛传播。所以,古代社会中编纂科学著作的行为更像是科学家和封建贵族、士大夫的"自娱自乐",而非真正意义上的科普或科学传播。

印刷术的发明和普及扩大了文明的载体——书籍的传播范围,同时也昭示着人类传播史进入了一个新的阶段。从文艺复兴开始到19世纪,人类社会进入了纸质媒体的黄金时代。书籍、宣传册、杂志、报纸,这些"旧时王谢堂前燕"的纸质媒体纷纷"飞"入寻常百姓家,成为大众传播的主力军。自然地,这些纸质媒体也开始承担起了科学传播的职责。事实上,时至今日,纸质媒体仍然是科学传播中的一支主力军。与其他科学传播的媒体相比,科学传播的纸质媒体有一个显著特征,即其传播主体一般是科学研究组织或机构。例如,《史密森尼》(*The Smithsonian*)由美国知名博物馆和研究机构的集合组织——史密森尼学会主办,《国家地理》(*National Geographic*)由美国的一家非盈利科学教育组织——美国国家地理协会创办。

除了纸质媒体,从19世纪开始,另一种科学传播的主要媒介在世界范围内流行开来,即科学馆或科学展览。1851年,第一届世界博览会在英国伦敦召开,这标志着科学展成为科学传播的主要媒介。当时的英国正值黄金期,所以急于向世界各国展示工业革命后英国取得的成果,包括轨道蒸汽牵引机、高速汽轮船、起重机、厨具用品、收割机等。虽然这是一场用来展示英国政府实力的展览,但在客观上,世界博览会的确提供了一个向公众展示科技成果的平台和机会。于是,各国纷纷效仿。从19世纪后半叶起,展览会、博物馆如雨后春笋般在世界各国涌现。第一次鸦片战争后,西学东渐,我国也开始兴建博物馆,举办博览会。1874年建于上海的亚洲文会博物院是外国人在中国开办较早的博物馆,收藏了大量包括中国在内的远东地区的自然标本和考古艺术品。1905年,清末民初著名的民族实业家张謇建造了南通博物苑,它是第一座由中国人独立创办的博物馆。

## 二 大众传播时代的科学传播

时间进入20世纪,人类传播史也跨入了大众传播时代。所谓大众传播,简言之就是依靠大众媒体进行的传播行为;而大众媒体则一般指的是报纸、广播、电视。其中,报纸的出现远远早于广播和电视。因此,在本节中,我们讲到的科学传播的大众媒体仅限于广播和电视。

大众传播的定义看似简单,但深入研究可知,大众传播独具以下区别于人类历史上其他传播形态的典型特征。

第一,从信息的传播者看,大众传播所依靠的大众媒体一般都是由专业人士组成的、有严密的组织层级的机构媒体。这些层级存在的意义便是对发布的内容进行层层审核,这一角色通常被称为"把关人"。

第二,从信息的接受者看,大众媒体发布的信息触达面很广,甚至可以覆盖全社会。这就使得大众传播的受众是广泛的、杂乱的、特征不明的普罗大众。

第三,从信息的传播渠道看,在大众传播中,信息大多通过文字(报纸)或声音(广播)或图像(电视)进行传播,鲜少有媒体将多种渠道都囊括在内。

第四，从媒体与受众的关系看，大众传播的受众很少与媒体互动，即使有（如观众来信），也不是即时的互动。

第五，从功能上看，大众传播主要承担了四大职能——环境监测、组织协调、文化传承、娱乐。这些功能均体现在社会层面上。

在个人层面上，大众媒体影响了个体的价值观念，但其影响仅限于此，很少能渗透到个体生活的其他层面。大众传播的这些特征使得依靠大众媒体进行的科学传播具备了一些之前人类历史上的科学传播所不具备的特性。

首先，科学家和政要、电影明星一样，被邀请到广播电台、电视台，或就公众关心的问题提供专业解答，或向大众分享自己的研究成果。一个典型的例子便是1948年在美国播出的电视节目《约翰斯·霍普金斯科学评论》(*The Johns Hopkins Science Review*)。该节目可以看作是约翰斯·霍普金斯大学的一部宣传片，因为每期节目都会邀请一位或几位在该大学工作的学者，围绕一个科学话题向公众传播相关知识。

以今天的标准看，《约翰斯·霍普金斯科学评论》的节目形式有点无聊。在30分钟的节目中，一位或几位科学家或在黑板前演示自己的公式推导过程，或在实验室中摆弄各种仪器。换句话说，《约翰斯·霍普金斯科学评论》中的学者基本把观众当成了自己的学生，把自己的课堂从教室和实验室搬到了电视上。但在那个年代，《约翰斯·霍普金斯科学评论》仍然具有划时代的意义，因为它让科学家从实验室里走了出来，与大众对话。所以，科学家不再是一群躲在实验室里、不为公众所熟知的"科学怪人"；相反，他们可以利用自己的专业性获得公众的关注，成为受到万人敬仰的学术明星。在《约翰斯·霍普金斯科学评论》播出期间，"冷战"开始，美国与苏联为了争夺太空资源，开始了科研竞赛，航空航天研究成为备受关注的话题。而通过该节目被美国大众所熟知的航空航天专家则无疑成为受人尊敬的学术明星。这就使得科学家的成就不只来源于同行的认可，更来源于大众的认可。科学家可以借助媒体实现名利双收。

其次，科学家一旦借助大众媒体传播自己的声音，就不再是一个人"单打独斗"了。相反，机构化的大众媒体会从传播的各个角度为科学家提出建议。通俗来说，媒体需要对科学信息进行"包装"。但媒体与科学家对科学信息的理解角度并不完全一致，毕竟媒体要考虑信息的传播效果，如收视率、公众的反馈等。所以，通过大众媒体传播的科学信息与其原本的面貌可能并不完全相同。用传播学的专业术语来说，科学信息被媒体进行了"议程设置"，这点我们将在本书第三章中详细阐释。

此外，广播和电视是人类传播历史上第一次依靠科技、利用视听符号实现的大规模信息传播。视听符号的介入，突破了从前媒体只能依靠文字进行传播的局限，这就为娱乐提供了技术条件。事实上，正是通过广播和电视，人类获取娱乐资源的成本才大大降低。这一点也充分改变了科学传播的形式。以往的科学传播大多以相对客观的方式呈现科学发现的成果，无论是博物馆、展览会，还是报刊、图书，都是简单地将科研成果的真实形态客观地呈现在公众面前，公众从中获得的信息也大多是带有教育性质的。然而，广播和电视的介入，使得运用娱乐化手段展示科学信息成为可能。1951年，美国人打开收音机，第一次听到了一个与众不同的广播节目——《围观巫师先生》（*Watch Mr. Wizard*）。在这个面向孩子的广播节目中，一个号称"巫师博士"的人讲述了他自己做的各种实验。这个节目一经播出，立刻收获了广泛好评。许多孩子和家长写信给"巫师博士"，甚至有孩子组建了"巫师博士俱乐部"，他们定期聚集在一起，重复"巫师博士"的实验。虽然《围观巫师先生》在1965年停播，但《巫师先生的世界》（*Mr. Wizard's World*）却在1983年登上了电视屏幕。

看到这儿，你可能不禁要问，"巫师博士"是何许人？他/她有何种魅力使《围观巫师先生》能在一众广播电视节目中脱颖而出？这位"巫师博士"真人名叫唐·赫伯特（Don Herbert）。与《约翰斯·霍普金斯科学评论》中的科学家不同，唐·赫伯特并不是在某一领域深耕的专家，他只是一位对科学有着泛泛了解的普通人，他甚至没有相关科学领域的学历，而是毕业于英语专业。所以，即使唐·赫伯特在20世纪50年代声名大噪，《约翰斯·霍普金斯科学评论》栏目组也拒绝邀请他去做节目，认为他缺乏专业背景。但是，这样一位"半吊子科学家"却让一个讲解科学实验和科学原理的节目大受欢迎。历史学家认为，唐·赫伯特把握住了节目成功的关键——戏剧性。无论是什么类型的节目，只要观众坐在电视机前，他们对电视节目的要求都是一样的,那就是好看、有戏剧效果。而无论是《围观巫师先生》的内容,还是唐·赫伯特本人的沟通风格,都牢牢地抓住了观众的胃口,在一个又一个的戏剧效果中,满足了观众对电视节目的要求。

以《约翰斯·霍普金斯科学评论》和《围观巫师先生》为代表,依靠大众媒体进行的科学传播走向了两个方向:前者的风格是传统的、严肃的,以普及科学知识为目标,大多由科学家亲自上阵;而后者则以讲故事的方式向观众传播科学信息,走的是轻松、幽默、戏剧化的路线,虽然科学家也会出镜,但他们并不是故事的主要讲述者,更多是为了给节目提供专业背书,他们提供的信息主要为节目故事的主线服务。而在大众媒体创造的"娱乐至死"的年代,后者无疑成为媒体的首选。

2002年起,英国广播公司(BBC)开始播出电视节目《巅峰拍档》(*Top Gear*)。这是一档向观众介绍汽车知识的节目,主要涉及机械工程方面的知识。为了追求节目效果,节目组增加了许多赛车、障碍赛、越野赛的内容,使得该节目从一个平淡无奇的汽车工程科普节目变成集惊险刺激、野外风景观光、汽车检修于一体的真人秀节目。

2003年,美国探索频道推出了一个科普节目《流言终结者》(*MythBusters*),针对各种广为流传的虚假信息进行实验,旨在破除迷信,以正公众视听。该节目的主持人亚当·萨维奇(Adam Savage)和杰米·海纳曼(Jamie Hyneman)都不是科学家。

由此可见,许多科普节目都走上了以轻松、幽默、戏剧化的风格追求收视效果的路线,科学家也不再是节目的主角。即使是在像TED Talks这样邀请科学家进行演讲的节目中,科学家也一改以往一板一眼、略显无聊乏味的传统形象,使用通俗易懂的语言演讲,幽默而风趣。这正是大众媒体给科学传播带来的巨大变化。然而,正当人们沉浸于广播和电视用视听符号创造出来的媒体世界中时,互联网技术、移动媒体、智能媒体开始进入我们的生活,并迅速霸占了我们的眼睛和双手。

## 三 网络新媒体时代的科学传播

1992年,当时还是美国总统候选人的比尔·克林顿提出了"信息高速公路"计划。随着他入主白宫，美国政府开始大规模建设互联网，使昔日多为商用和军用的网络通信资源进入寻常百姓家。我们不知道克林顿在当时是否预料到这个决定会对世界产生怎样的影响，但可以确定的是，30多年后的今天，我们迈过大众传播时代，进入了网络新媒体时代。

与大众媒体时代相比，网络新媒体时代的媒体技术更新换代的速度似乎更快了。20多年前被人们视为"风口"的门户网站，如今已是明日黄花。10多年前兴起的社交媒体，如今也承受着生存压力，不得不进行各种转型。曾经只能坐在电脑面前拿着手柄玩的游戏，如今在手机上便能操作，而且游戏玩家还能和世界各地的朋友一同联机玩。甚至随着Chatbot（智能聊天机器人）、ChatGPT（人工智能技术驱动的自然语言处理工具）等智能媒体的兴起，人们都不需要自己思考，便能轻松获得一个问题的答案、写完一篇文章、完成一幅设计图。随着网络新媒体进入我们的日常生活，科学家也迅速拥抱这些网络平台。接下来，我们将选取社交媒体、游戏和人工智能工具作为网络新媒体的代表，列举这些平台在科学传播中的运用实例。

社交媒体的出现，缩短了科学家与公众的距离。以前，科学家需要借助大众媒体与公众进行交流。大众媒体是连通科学家与公众的桥梁，但同时又为他们的交流增加了一重障碍。而社交媒体的出现，不仅使普通人可以直接与科学家对话，还能让他们获得来自科学家的即时反馈。同时，科学家也可以使用更加个性化的语言、更高效地将自己的科学观点传递给普罗大众。由此涌现出了一大批科学界的社交媒体明星。

作为网络新媒体中的一支重要力量，游戏不只承担了娱乐大众的功能，其教育属性也被开发出来。2004年，在美国成立了一个非盈利性组织Games for Change（变革游戏），旨在通过游戏推动社会变革和进步。20年来，该组织开发了许多游戏，涉及科学教育、心理疏导、环境保护、健康教育、社会问题等主题。在该组织的影响下，世界各国的游戏公司均开始探索通过游戏进行科学传播的方式。

早期的游戏在情节、任务和技术上都比较简单。例如，*Clim' Way*（2008年推出）是一款以环境保护教育为目标的科学传播游戏。在这个游戏里，玩家将进入一个城市，并需要通过调整公共交通、城市设施等达到节能减排的目的。随着游戏技术的发展,这类游戏在技术上日渐成熟,而技术的发展也为创作更加复杂、引人入胜的情节提供了条件。例如,*Trash Rage*(2009年推出)使用了VR技术,让玩家扮演拯救地球的角色。玩家降落到被垃圾占领、寸草不生的地球上,需要与各种产生垃圾的怪物搏斗,完成清除垃圾、拯救地球的任务。

近年来的一些游戏也创造了另一种让公众参与科学传播的方式。手机游戏 *Sea Hero Quest*(2016年推出)便是一个典型例子。在游戏中,玩家将扮演一个失忆父亲的儿子的角色,父亲不慎将记载了多年游历经历的手绘本丢进了海里,玩家需要找回父亲的手绘本,并通过手绘本帮助父亲重拾记忆。同时,玩家需要记住地图,并按照地图上的预定路线穿越大海、躲避怪物,集齐手绘本里的物件,最终帮助父亲找回记忆。这款游戏的特殊之处在于,游戏将记录玩家寻找物件的路线,分析出个体的空间识别和记忆能力,再通过汇总个体数据,获得一个庞大的认知行为数据库,用于研究和分析阿尔茨海默病。因此,不同于传统的游戏,玩家可以从这款游戏中获得教育信息,同时这款游戏也可以从玩家处获取用于医学研究的信息。

最后,伴随着算法技术的成熟和数据的丰富,智能媒体也逐渐成熟起来。智能媒体出现的时间并不长,其对科学传播的影响仍有待探讨。但是,根据智能媒体目前呈现的一些特征,我们不难发现,智能媒体借助算法技术,可以更精准地向用户推送他们喜欢的内容。从产品营销的角度讲,这无疑将增强用户黏性。然而,反复向用户推送他们喜欢的、认同的内容,无疑会让用户陷入"信息茧房",强化他们固有的偏见,不利于纠正错误的认知、普及科学知识。

此外,以算法驱动的人工智能工具(如ChatGPT)也开始进军科学传播领域。目前已有一些学者开始研究人工智能工具在科普作品的创作上是否比人更有优势,但这部分研究尚处于起步阶段。如何利用大数据和大语言模型训练人工智能工具创作科普作品,仍有待交叉学科的研究。虽然人工智能可以帮助科学家和科普工作者创作科普作品,但它们在文献的查询、信息的生成上仍存在很大的局限性,甚至会伪造信息。这无疑催生了虚假信息。那么,公众是否会毫无保留地相信这些虚假信息?公众在什么情况下会相信人工智能生成的信息？哪些人群更容易相信人工智能生成的信息？这些问题都有待更多、更深入的研究，以揭开谜底。

在本节中，我们探讨了网络新媒体在科学传播中的应用。不难看出，网络新媒体是一个庞杂的概念，包含了许多在技术层面上大相径庭的媒体。那么，我们应该如何认知这些令人眼花缭乱的新科技呢？或者说，这些在技术层面上大相径庭的新媒体，有没有一些共通的底层逻辑呢？

## 第二节
## 网络新媒体时代的媒介环境

要了解网络新媒体时代的媒介环境，必须先了解网络新媒体的特征。为此，我们可以从传统媒介——大众媒体出发进行分析。在本章第一节中，我们讨论了大众传播或者大众媒体的五个特征，这里我们不妨就从这五个维度对网络新媒体的特征进行归纳总结。

### 一 传播者：以自媒体为主

作为信息的传播者，网络新媒体不一定都是机构媒体。由于媒介融合，许多传统的机构媒体也拥有新媒体部门，但仍有大量的网络新媒体是个人运营的自媒体。这带来了一定的影响，主要表现在以下四个方面。其一，由于人人都可以成为传播者，媒体数量增多。这无疑给公众提供了更多的选择。而对于媒体工作者而言，他们面临的行业内竞争无疑更加激烈。其二，由于自媒体中层级的缺失，为内容发布设置的"把关人"制度也消失了。这一方面使得言论表达更自由，但另一方面也为虚假信息的滋生创造了条件。其三，由于机构色彩的减弱，传播者的个人风格在传播过程中凸显出来，如语言、衣着、观点等构成了传播者精心塑造的人设。因此，风格鲜明的传播者更有可能在这场注意力争夺战中脱颖而出。其四，自媒体在信息发布的效率上更有优势，在讲究时效性的媒体市场上能抢占先机。针对这一现象，传统大众媒体选择在报道的深度和内容的严谨性上深耕，但由于受众的惯性，以严肃内容见长的大众媒体在这个时代处于相对弱势的地位。这也是由当前媒体行业的盈利模式决定的。媒体行业的主要盈利模式是以注意力经济为核心的二次买卖模式，即将内容卖给受众，再将受众的注意力卖给广告商；第二次买卖的结果才是媒体盈利的主要来源。所以，受众的喜好决定了媒体行业的生存。而绝大多数公众偏爱的是即时的消息而非深度的分析，因此，与以即时性见长的自媒体相比，大众媒体逐渐式微。

## 二 接受者：部落化的用户

从信息的接受者的角度来看，网络新媒体的受众可以与大众媒体的受众一样，是广泛的、杂乱的、特征不明的普罗大众。但更多的网络新媒体有着属于它们自己的垂直用户。例如，同为短视频平台，抖音的目标用户为居住在一二线城市的年轻群体，而快手的目标用户却是居住在三四线城市和农村的用户，其平均年龄也略大于抖音的目标用户的平均年龄。如果聚焦于某些平台的某些附属板块，如豆瓣的不同小组，就可以更容易观察到用户鲜明的趣缘性、身份或地理特征。

用户鲜明的群体特征造成了网络传播的部落化。人们依据各自的身份，分成不同的阵营。同时，网络的匿名性加剧了这种隔阂，强化了由身份标签带来的不同，令不同群体间的沟通交流日益困难。人们越来越困于自己群体内部，越来越满足于内部的信息交流。长此以往，便形成了以身份为基础、以群体为单位的"信息茧房"。

此外，每个群体都有其追随的意见领袖，如网红、达人。这些意见领袖影响了受众在饮食、穿搭、阅读、旅游、体育等各个方面的决策。换言之，个人的决策受到意见领袖的影响，并围绕各自的意见领袖形成了一个个不同专业领域的部落。这两种受众特征改变了人们被说服的过程。从前，人们是因为相信某条信息而被说服；现在，人们在很多时候是因为相信某位意见领袖而被其说服。

## 三 传播渠道：卷入度更强的使用体验

从信息的传播渠道看，网络新媒体不仅保留了传统大众媒体的信息传播渠道（文字、声音和图像），更将这些渠道融合在同一个媒体平台上。可以说，网络新媒体是名副其实的多媒体平台。与大众媒体相比，网络新媒体因其技术优势能为受众提供更高强度的感官刺激。随着交互技术的进步，这种感官刺激并不局限于视觉和听觉，网络新媒体还能刺激人的触觉、嗅觉和味觉。这种感官刺激使受众在使用媒体时注意力更集中，从而产生一种沉浸式体验，媒体对大脑的刺激也更强。相比之下，大众媒体依赖文字、图片和低清晰度的视频，其对受众感官的刺激已经远远赶不上这些新媒体技术能带给受众的感官刺激了。

此外，网络新媒体还使得实时沟通成为可能。人们在使用这些平台进行沟通交流时可以像面对面交流时一样，通过声音、手势、表情等身体语言表达自己。这种沉浸式的参与方式使人们可以将身体加入传播的过程中，具身传播（embodiment communication）由此成为可能。这些互动无疑增加了用户在使用网络新媒体时的卷入度。

高感官刺激和高信息卷入度，使得网络新媒体用户更有可能受到平台上传播的信息的影响。研究表明，不健康食品营销的一大法宝便是利用视听符号增加食物对受众的吸引力，刺激受众的食欲和购买欲。[1] 此外，强烈的卷入度还挤占了人们在摄取信息时进行思考和反驳的认知空间，降低了信息说服的阻力。或许这些信息不能立刻对人们产生影响，但就如同埋下了一粒种子，假以时日，必将在潜移默化间对人们的观念和行为产生影响。[2]

### 四　媒体与用户的关系：更频繁的互动

从媒体与用户的关系看，网络新媒体为用户提供了更多即时的互动机会。用户可以通过发弹幕、实时评论、点赞、"投币"、收藏、转发等各种方式与相关渠道或平台，与其他用户进行互动。这些实时互动无疑增强了

---

[1] Liu J, Bailey R, "Investigating the effect of use and social cues in food advertisements on attention, feelings of social support, and purchase intention," *Health Communication*, 2020, 35(13): 1614−1622.

[2] Green M C, Dill K E, "Engaging with stories and characters: Learning, persuasion, and transportation into narrative worlds," in Dill K B(ed.), *The Oxford Handbook of Media Psychology*, Oxford: Oxford University Press, 2012.

人们沉浸式的体验，提升了人们在传播过程中的社会临场感。麦克卢汉的"媒体是人的延伸"在网络新媒体时代成为现实。

此外，媒体与用户的频繁互动还使得任何媒体都不可能忽视受众的反馈，这就催生了用户运营这个互联网企业中的重要岗位。用户运营背后包含的媒体运行逻辑是，传统上仅仅向公众灌输内容的大众传播时代已经结束了，现在的媒体运营需要培育受众、维系与受众的关系。公共关系成为影响网络新媒体生存与发展的重要因素。

## 五 媒体的功能：对个人及社会产生全方位的影响

从功能上看，网络新媒体不仅在社会层面上承担了大众媒体的四大职能，在个体层面上发挥影响个体思想观念和行为的作用，还对个人生活产生了全方位的影响。特别是近二十年，随着移动技术的发展，移动媒体深刻地改变了人们的日常生活，不仅为人们塑造了信息环境，而且影响了人们的社交、出行、娱乐、购物。因此，一旦离开媒体，个人的生活和社会的运转都会受到影响。

此外，网络新媒体还改变了人们的社交方式。人们可以利用网络新媒体的技术条件选择性地进行自我呈现，将自己想展示给公众的一面展示出来，将自己不想展示出来的一面隐藏起来。人们还可以与素未谋面的网友谈天说地，在合适的时候选择"奔现"（网络流行词，指由线上虚拟恋爱转为线下真实恋爱）；与身处异地的朋友保持沟通，为线下的人际关系维护增加一重线上沟通的保障。

因此，在当代社会，网络新媒体不是简单的信息传播渠道，而是整个社会的基础设施。这些媒体塑造了个体的思想观念，改变了群体的公共舆论，影响了政府的决策和公共事务。虽然早在传统媒体时代，就已经出现了媒体左右公共舆论、影响政策与法规的现象，但在网络新媒体时代，信息传播的速度更快、空间范围更广，一些具备了某些特征的突发事件能迅速引起人们的共情，从而在网络空间凝聚起极大的力量，引发强大的社会舆论。

## 六　媒体的空间属性：移动媒体

从空间属性上看，在使用网络新媒体时，用户不需要静止地待在某个地方。移动媒体成为主流，带来了两方面影响。其一，由于人们时常在通勤、旅游时或者在露天环境中使用网络新媒体，因此，人们的媒介使用可能受到环境的干扰，如外部环境中出现的人、事物、动物、声音都有可能影响人们的注意力。为了争夺用户的注意力，提高其使用媒体时的卷入度，平台只有进行更加个性化的推荐、更强烈的感官刺激和更频繁的互动，才能保证用户不会受到外界噪音的影响。其二，移动媒体使得场景成为研究和实践的重点。对从事媒介效果研究的学者而言，媒介使用的场景成为其研究的重点。对广告商而言，他们也需要了解人们在什么场景下使用何种媒介，并将产品与使用场景匹配起来，这已成为网络营销的重点。

## 七　用户与信息的关系：信息找人的"信息茧房"

2017年，当时在维也纳大学任教的西班牙学者奥梅罗·吉尔·德·苏尼加（Homero Gil de Zúñiga）提出了一个观点：在大众传播时代，人们会主动选择浏览何种新闻；但在网络新媒体时代，不是人们寻找新闻，而是"新闻找人"（news finds me）[①]。这是因为平台通过日益成熟的算法技术可以轻易地了解用户的喜好，从而为人们提供个性化的新闻推送服务。事实上，不仅是新闻，当代社会中的任何信息都出现了这种主动寻找受众的特点，其根源便在于算法带来的个性化的信息推送。

如果一个用户只能从平台接收自己喜欢的信息以及与自己观点相符的信息，长此以往，这个用户就会生活在平台给他/她编织的"信息茧房"中。同时，个人的固有偏见也会得到强化，他/她将变得再也听不进去反对的声音。结合之前我们说过的网络的群体性和部落化特征来看，由于这个用户在网上的社交圈也是跟他/她持相同观点的人，"信息茧房"的结果只会不断加强。

---

① Gil de Zúñiga H, Weeks B, Ardèvol-Abreu A, "Effects of the news-finds-me perception in communication: Social media use implications for news seeking and learning about politics," *Journal of Computer-Mediated Communication*, 2017, 22(3): 105-123.

## 第三节
# 网络新媒体对科学传播的影响和启示

在本章前两节中，我们总结了网络新媒体的特征及其对媒介环境的影响。这些影响对当下的科学传播会产生怎样的影响，对我们开展科学传播实践又将产生怎样的影响？与大众媒体时代相比，现今的媒介环境竞争更加激烈。公众不仅拥有了更多的媒体选择，而且这些选择更加符合公众的喜好和价值观，能提供更加个性化的信息服务。这就意味着，公众的个人因素——认知、情感和社会关系，在信息选择和解读的过程中可能发挥更强的作用。这就对科学传播的内容、表现方式、沟通技巧等提出了更高的要求。在进行科学传播时，我们必须遵从受众选择信息、解读信息、运用信息的心理规律和行为规律，设计出科学信息的内容、呈现与投放的方案等。据此，我们总结了以下四点建议。而提出这些建议的原因和落实这些建议的操作将会在下文具体展开。

第一，应强调科普内容与受众的相关性。从选题开始，我们就应该选择一些与受众日常生活紧密相关的议题，并重点对其进行科普。在内容上，我们也应该紧扣与受众的相关性这一主题。在设计内容之前，我们就要想清楚哪些内容是所有受众普遍关心的，哪些内容是某一部分受众更关心的。

第二，应摒弃说教，以讲故事的方式传播科学信息。但到底应该怎么讲故事，仍是一个复杂且宏大的课题。例如，如何选择信息内容、使用何种信息框架、如何设计故事情节、如何安排人物和故事主线、如何使用幽默、使用何种戏剧效果、如何平衡娱乐和教育，这些问题都需要在实证研究的基础上才能回答。

第三,应重视视听元素,探索新的媒介技术对科普的应用。除了图文、音频、视频外,以 Apple Vision Pro(苹果公司的首款头戴式"空间计算"显示设备)和 Rokid AR Studio(我国 AR 眼镜厂商的消费级人机交互 AR 产品套装)为代表的虚拟现实、增强现实技术也为科学传播提供了新的可能。由于成本较高,这些技术可能只能通过与博物馆、科学馆合作才能落地。但是,科学传播本来就要走社会化的路线,所以我们也应该积极探索与其他机构、组织合作进行科学传播的新模式,将这些能为人们带来沉浸式体验的新技术运用到科学传播的场景中。从长远来看,这将培养公众对科学的兴趣。

第四,选择合适的人群才能事半功倍。说服学研究表明,并不是所有人都能被说服,我们能做的只有尽可能争取中间派。所以,在进行科学传播之前,搞清楚谁是中间派、谁是反对派、谁是我们的拥趸(坚定的支持者和拥护者),以及中间派的观点和观点形成的原因是什么,往往能帮助我们更有效地设计科学传播方案。

### 本章思考题

1. 媒介日记:每天从早晨醒来到晚上睡觉,你经常使用哪些媒体?你会在这些媒体或平台上做什么?请将这些媒体使用行为记录下来,连续记录几天,看看有什么规律。

2. 你的媒体使用习惯与你父母的有什么不同?与你的兄弟姐妹相比又有哪些不同?

3. 回忆一下,有哪些你认为成功的科学传播的媒体作品?又有哪些你认为不成功的科学传播的媒体作品案例?列举完这些案例后,想一想,你判断其成功与否的标准是什么?

4. 除了本章总结的四点建议,基于目前的媒介环境,你对做好科学传播有哪些想法或建议?

第二编

# 第三章

# 被议程设置的科学传播

"你怎么知道每天都有哪些大事发生呢?"

"刷微博,看热搜。"

"那要是你没时间看微博呢?"

"那也简单啊。只需要每天在办公室里,听同事们在讨论啥,就知道发生了什么大事。"

"那你同事是怎么知道这些事情的呢?"

"大概也是通过刷微博、看热搜知道的吧。"

时至今日,微博已成为人们了解世界的重要渠道,热搜榜也成为国内外大事的重要传播平台。有人调侃,早上起来刷微博已成为每天的仪式,就如同古代的皇帝通过浏览奏折了解天下大事一样。其实,我们不用惊叹于微博热搜榜的影响力。如果我们回到20年,那时国内的"热搜榜"是中央电视台,是各大主流媒体;如果我们把目光投向国外,几乎所有国家都经历了从传统纸媒、大众媒体到网络新媒体成为"热搜榜"的过程。

这些热搜榜上的大事,不乏与科学相关的新闻、政策、研究和教育信息。二战以来,以电视为代表的大众媒体进入千家万户,开启了科学家与媒体合作的时代。借助媒体强大的传播力,科学信息在社会上广泛传播。媒体也就此成为科学传播的重要主体。但是,媒体与科学家的合作果真是亲密无间的吗?媒体作为一个独立的主体涉足科学传播,对科学传播真的有百利而无一害吗?本章将从传播学经典理论——议程设置理论(agenda setting theory)的角度回答这些问题。

## 第一节
# 议程设置理论

### 一 理论阐释

早在20世纪20年代，学者们就注意到媒体对公众观念的塑造作用。直到1968年，麦库姆（McCombs）和肖（Shaw）发表了他们的研究成果，才奠定了议程设置理论的基础。在一代代学者不懈的努力下，议程设置理论共发展出了三个层次。

议程设置理论的第一层次来自麦库姆和肖的研究。他们发现，在总统大选期间，人们认为的重要事件与媒体上宣传的重要事件在很大程度上是重合的。基于这个发现，他们提出了议程设置理论。在最早的议程设置理论中，麦库姆和肖强调，媒体可以影响人们"想什么"。虽然每天都会有成千上万的事情发生，这些事情中也不乏重要事件，但媒体总有许多办法可以让人们关注其中最重要的一些事情。比如，报纸会将最重要的新闻放在头版头条，会给最重要的事件最大篇幅的版面；电视台会滚动报道最重要的新闻，会在日常新闻播报外安排专访、嘉宾座谈等其他节目为公众分析这条新闻。因此，公众有关"什么是最重要的新闻"的认知其实来源于媒体的建构。同时，新闻也是公众日常交流中的重要话题。但是，因为公众认为的重要新闻是媒体建构的结果，所以公众舆论场中的议程与媒体舆论场中的议程高度一致也就不足为奇了。

之后，议程设置理论进一步发展，解释了媒体如何影响人们"怎么想"，这就是议程设置理论的第二层次。具体而言，议程设置理论的第二层次聚焦于媒体使用何种手段让人们认识到某些事情的重要性，并由此来影响人们对这些事情的看法。首先，媒体可以选择用不同的框架去报道同一个议题。所谓框架，通俗来讲就是看待问题的不同视角。例如，美国媒体在报道毒品问题时就至少采用了以下四种框架：第一种，聚焦于毒品对身体和社会的危害，即从生理健康和社会安定的角度看待毒品；第二种，聚焦于毒品泛滥的原因，特别是社会的结构性原因，如贫困、种族和教育缺失等；第三种，从政府机关的角度看待毒品泛滥，强调执法和教育的不力是造成这一现象的关键原因；第四种，强调应对毒品进行分类，主张应将某些休闲性毒品和医药性毒品合法化。当公众看到前三种框架时，一般会对毒品持负面态度，认为应该严厉打击毒品。但当公众看到最后一种框架时，他们可能会觉得，毒品也没有那么十恶不赦。事实上，正是由于某些媒体坚持不懈地使用最后一种框架去报道毒品问题，在美国公众中才产生了支持休闲性毒品的声音，从而推动了某些毒品在美国某些州的合法化。

媒体另一个经常使用的手段是片面强调事物或人物的某些特征，以达到影响公众观点的目的。在西方国家的选举中，媒体经常会强调自己支持党派的候选人的亮点，如个人魅力及其政绩，也会反过来强调反对党派候选人的黑历史、不当言论和缺乏执政能力的实例。美国政治题材电视剧《纸牌屋》中曾有这样一段情节：总统欲提名科恩出任国务卿，男主角弗兰克为了破坏这一计划，找到了一篇社论，并将这篇社论发表在某大学校报上，而科恩当时正是该校报的主编。弗兰克将这篇社论交给媒体，让科恩在面对媒体采访时猝不及防、方寸大乱。科恩的表现引起了大规模舆情。最后，在汹汹民意下，总统也不得不放弃提名科恩为国务卿的计划。在现实中，在2020年美国大选时，时任总统特朗普为了保证连任，不想让新冠疫情影响他连任的最大王牌——经济，选择了淡化疫情影响的策略。一项研究显示，在当年2月到7月的白宫每日新闻发布会上，33.86%的发言都在强调应对病毒的有效性，而提示病毒威胁的发言仅占5.30%。[1] 同时，支持共和党的媒体还不遗余力地强调总统、白宫和其他政府机构在应对疫情

---

[1] Li Y, Wang Z, Li Q, "Presidential communication during the pandemic: A longitudinal examination of its relationship with partisan perceptions and behaviors in the United States," *Human Communication Research*, 2023, 49(4): 433-447.

上的措施①，并通过攻击中国展示特朗普在外交上的强硬立场，以此争取选票②。相反，在野的民主党则通过媒体强调病毒对生命安全、社会安定和经济发展的影响，并呼吁政府和民间给予更多的财政支持和社会支持，以便攻击特朗普政府的政策，从而达到争取大选选票的目的。

此外，媒体还可以使用具有倾向性的语言、具有特殊含义的特定词汇、带有一些隐晦含义或暗示性的图像等引导公众对某些事物的看法。例如，有学者研究了2001—2019年我国媒体对电子竞技的报道，特别是对这一主题相关报道的倾向性。③结果显示，正面报道的数量呈上升趋势，且其上升速度超过了负面报道和中立报道，这一点从新闻标题中就可窥见。例如，2001年，《市场报》还在反问《E-Sport能"玩"出多大市场》④；到了2006年，《北京日报》就写出了标题——《游戏高手今后也是运动员》⑤；而到了2019年，《海南日报》则直接写道：《电竞玩家，好酷！》⑥。语言的变化，不仅体现了媒体对电子竞技态度的变化，而且向公众传达了他们希望公众如何去看待电子竞技的立场。

这种倾向性的表达的确影响了公众对现实环境的认知与评价。例如，一项关于美国媒体如何报道美国经济的研究就发现，新闻报道中对经济指标的描述直接影响了公众对经济环境的评价。另外，经济报道中的负面词汇越多，公众就越认为经济问题是美国当下面临的最重要问题。⑦

议程设置理论的第三层次被称为关联网络议程设置。这个议程设置的理论基础是，人们对世界的认知不是孤立的，而是存在联系的。因此，当提到某个事物时，我们就会很自然地联想到另一个与它相关的事物。例如，

---

① Jing E, Ahn Y-Y, "Characterizing partisan political narrative frameworks about COVID-19 on Twitter," *EPJ Data Science*, 2021, 10(1): 53.

② Hart P S, Chinn S, Soroka S, "Politicization and polarization in COVID-19 news coverage," *Science Communication*, 2020, 43(4): 538-538.

③ 参见刘双庆、刘玛《正当性建构：电子竞技报道的框架与话语分析》，载《成都体育学院学报》2021年第47期，第106-112页。

④ 参见王继晟《E-Sport能"玩"出多大市场》，载《市场报》2001年10月31日第5版。

⑤ 参见周健森《游戏高手今后也是运动员》，载《北京日报》2006年9月28日第6版。

⑥ 参见徐晗溪《电竞玩家，好酷！》，载《海南日报》2019年8月19日第B04版。

⑦ Sheafer T, "How to evaluate it: The role of story-evaluative tone in agenda setting and priming," *Journal of communication*, 2007, 57(1): 21-39.

当我们提到医院时，我们想到的可能是疾病、死亡；当我们提到椰子时，我们想到的可能是大海、沙滩。

那么，我们脑海中这些不同事物之间的关联又是怎样建立起来的呢？答案就在于媒体。笔者曾在美国学习、工作过多年。在笔者赴美国留学的前一天晚上，笔者的母亲语重心长地告诫笔者，一定要远离毒品。由此可见，在笔者的母亲的脑海里，美国与毒品被深度地绑定在一起。而这种关联恰恰可以在许多新闻报道中寻得。媒体频繁地让一些词汇和表达同时出现在新闻报道中，通过不断地进行新闻报道反复刺激受众的认知系统，最终在他们的脑海中为这些概念建立了联系。

除了在同一篇新闻报道中使用关联性暗示，媒体还会在不同的议题之间设置关联性，将它们绑定在一起。例如，有研究发现，在美国总统选举期间，媒体经常会将一些议题绑定在一起，如移民、国家安全、环境保护、公共卫生、社会秩序等，并由此形成了一个针对总统候选人的评价体系。[①]而公众则会使用这个评价体系去评价每一位总统候选人。这也给总统候选人造成了极大的压力，因为只要在一项议题上表现不好，就会使人们联想到他/她在其他议题上的立场和态度，由此对选情全局造成影响。

综上所述，第三层次议程设置可以看作媒体告诉我们"怎么想"的发展。也就是说，媒体告诉我们哪些事物之间存在关联，从而影响了我们的认知网络系统。

## 二 追问：议程设置的原因

在上文中，我们回顾了议程设置理论的发展历程，揭示了媒体是如何设置议程、影响公众的。可能你会发问了，媒体为什么一定要设置议程？既然媒体的任务是公正、准确地将事实传递给大众，那为什么媒体不能全面、真实地进行报道？

追根溯源，上述问题与媒体的盈利模式有关。绝大多数媒体的盈利模

---

① Vu H T, Guo L, McCombs M E, "Exploring 'the world outside and the pictures in our heads': A network agenda-setting study," *Journalism & Mass Communication Quarterly*, 2014, 91(4): 669-686.

式可以被概括为二次售卖：第一次售卖即将内容卖给受众，第二次售卖即将受众的注意力卖给广告商。在第一次售卖的过程中，买方（受众）几乎不用支付金钱就能获取商品（内容）。他们所付出的代价是，他们的注意力被作为商品转卖给了广告商。而媒体的收入主要来自第二次售卖。这种盈利模式意味着，媒体必须拥有自己的固定受众，同时必须迎合受众的品位和价值观。

福克斯新闻曾在两个不同的频道，使用了两个不同的标题报道同一件新闻。在 Fox News（福克斯新闻）频道，其使用的标题是"Money for Illegals"（《给非法移民的钱》）。因为这个频道的主要观众是支持共和党的白人，这些人一般都反对移民，支持驱逐非法移民的政策，所以使用illegals（非法移民）这个词，更符合这些人的语言习惯，也向观众暗示了福克斯新闻频道反对移民、支持共和党的立场。但是，当频道转至 Fox News Latino 频道时，标题却变成了"In Rare Move, University Grants $22K Scholarship to Undocumented Student"（《大学罕见地向无证照学生发放了2.2万美金的奖学金》）。在这个标题中，有一个特别值得关注的词汇——undocumented student（无证照学生）。这个词专指没有美国国籍、绿卡或合法签证却在美国上学的学生。显然，这个词比illegals（非法移民）更加中性，也更加温和，尽管它们所指向的人群是一样的。但为什么福克斯新闻要换一个不同的说法呢？因为 Fox News Latino 频道的主要观众是从拉丁美洲移民到美国的人，而这些人当中有很多人恰恰是通过非法途径进入美国的。所以，如果福克斯新闻继续用illegals这个词显然会触怒这些人，而使用undocumented student这个词语则可以向观众们暗示，福克斯新闻并不反对移民。

福克斯新闻的例子说明了媒体在取悦受众，也间接印证了受众对媒体的重要性。由于二次售卖的价值取决于一次售卖的成效，受众可以说是媒体的衣食父母。面对竞争日益激烈的媒体环境，媒体只能牢牢把握住自己的目标受众，并尽可能多地争取其他群体的关注。所以，媒体只能在大方向上与目标受众保持一致。

虽然我们将受众比作媒体的衣食父母，但给媒体提供真金白银的却是商业资本。从媒体的经营模式上讲，尽管媒体是独立的传播主体，但绝大多数媒体并不能主动"造血"，创造经济价值，而需要商业资本为它们"输血"。因此，媒体在设置议程、发布新闻时，就必须考虑商业资本的利益。现任职于英国阿伯丁大学的社会学家克里斯托弗·科尔迈尔（Christopher Kollmeyer）在美国加州大学圣塔芭芭拉分校任职时，曾发表了一篇关于《洛杉矶时报》的研究。①他发现，发表在该报上的有关经济形势的文章大部分都在讨论社会局势会如何影响投资者和公司，甚少有文章讨论其对普通人的影响。他进一步分析了那些以普通人为讨论对象的文章，发现这些文章的篇幅都相对较短，而且经常被放置在报纸版面不显眼（而非头版头条）的位置；虽然主题是当前局势如何影响普通人，文章却很少采访真正的"打工人"；这些文章也很少谈及应如何制定政策，改善"打工人"的处境。很显然，科尔迈尔的研究揭示了商业资本对媒体议程和框架的影响。

任何国家的媒体都会受到政治的影响。例如，西方国家的政治制度决定了政治利益与商业利益的勾连，因为政治团体经常借助商业资本的力量对媒体施加影响。另外，政府也可以通过法律、政策等手段对媒体进行控制，从而直接影响媒体的议程设置和框架内容。以美国的枪支管制问题为例。虽然近年来美国校园枪击案频发，但民主党与共和党的分歧，导致枪支管制的法律法规在美国一直难以落地。相关问题引起了民众持续的争论，而媒体上的争执也因其所属党派的不同而泾渭分明。一项研究表明，支持民主党的美国有线电视新闻网（Cable News Network，CNN）上的关于支持控枪的报道数量明显超过支持共和党的福克斯新闻上的；在已经推行了对持枪者进行全面背景检查政策的特拉华州、内华达州和科罗拉多州，支持控枪的报道明显多于反对控枪的报道。②支持两党的媒体分别采用了不同的媒介框架，试图引导民众从不同角度看待这个问题。例如，支持共和党的媒体多使用偶然式框架（episodic frame），强调枪击案发生的偶然性，并将其归咎于凶手的个人特质；而支持民主党的媒体则多使用主题式框架（thematic frame），将枪击案的发生与美国社会、法律、政治等一系列结构

---

① Kollmeyer C J, "Corporate interests: How the news media portray the economy," *Social Problems*, 2004, 51(3): 432-452.

② McGinty E E, Wolfson J A, Sell T K, et al., "Common sense or gun control? Political communication and news media framing of firearm sale background checks after Newtown," *Journal of Health Politics, Policy and Law*, 2016, 41(1): 3-40.

性问题联系在一起。①

因此，媒体看似是独立的传播主体，看似掌握了报道的主动权，却并非完全独立自主的个体。看到这里，你可能要说，本章到现在为止所举的例子都是与政治、经济相关的议题，科学议题是否较少受政治、经济和公众的影响？当媒体在进行科学传播时，是不是会较少地设置议程？很遗憾，答案是否定的。

---

① Guo L, Mays K, Zhang Y, et al., "What makes gun violence a (less) prominent issue? A computational analysis of compelling arguments and selective agenda setting," *Mass Communication and Society*, 2021, 24(5): 651−675.

## 第二节
## 科学传播中的议程设置

在本节，我们将结合实证研究给大家介绍媒体如何在科学传播语境中设置议题，以及媒体又是如何对公众施加影响的。鉴于我国与欧美国家在社会环境、媒体环境和政治制度上的差异，笔者将分别阐述国内外的案例，并结合不同的社会政治差异对这些案例做出分析。

### 一 欧美国家科学传播中的议程设置

由于欧美国家的媒体管理制度，媒体在设置其议程时往往会受到多个主体的影响。政治、商业资本、科学家和民间社团互相博弈，纷纷对媒体施加影响。媒体成为这些传播主体竞相登台、展示自己观点和立场的重要平台。

首先，与许多社会议题一样，一些科学议题在欧美国家也与政治深度绑定。多项研究显示，美国民众是否戴口罩与他们的政治信仰密切相关，民众的政治信仰甚至是影响这一行为的最重要变量。[①] 这是因为在欧美国家，媒体并不是独立于政府或政党、完全客观公正的。绝大多数媒体都有自己支持的政党，在进行新闻报道时，自然也会受制于这些政党。

---

[①] Howard M C, "Are face masks a partisan issue during the COVID-19 pandemic? Differentiating political ideology and political party affiliation," *International Journal of Psychology*, 2022, 57(1): 153–160; Kaplan J T, Vaccaro A, Henning M, et al., "Moral reframing of messages about mask-wearing during the COVID-19 pandemic," *Scientific Reports*, 2023, 13(1): 10140.

媒体在科学传播中使用框架影响民众，其中转基因食品就是一个存在较大争议的科学话题。一项研究表明，如果媒体使用收益框架（即强调转基因食品的优势和正面影响），民众会对转基因食品持正面态度，并且更愿意购买转基因食品；如果媒体使用损失框架（即强调转基因食品的风险和负面影响），民众对其的态度就会变得负面，购买意愿也会随之降低。① 这项研究的发现虽然看似简单、直观，却反映了美国社会在针对转基因食品进行科学传播时一些耐人寻味的现象。美国政府在转基因食品上的态度相对正面，管制也相对宽松。② 同时，美国的记者也大多认为转基因食品不具有很大风险，因此认为这不是一个重要的、值得报道的话题。这就导致了两个后果：一是美国媒体在报道转基因食品时多持正面立场，并强调科技发展的成果和转基因食品的经济效益；二是美国民众接触转基因食品相关信息的渠道相对较少，除非有专业背景或认识具有相关背景的人，否则一般民众仅能通过媒体获悉转基因食品的知识。在民众头脑相对空白的情况下，给他们植入什么样的思想，他们自然就会接受什么思想。这就回答了为什么美国媒体使用不同的框架传播转基因食品知识，民众就会持不同的态度的问题。

除了政治，商业资本对媒体的渗透也阻碍了科学信息的传播。在香烟的危害广为人知之前，烟草商采用了多种手段推销香烟。例如，从20世纪20年代开始，为了向妇女销售香烟，英国媒体刻意将吸烟塑造成女人性感的表现。③ 今天，虽然绝大多数媒体都不再宣传吸烟的好处，却有一些媒体将戒烟说成是对个人自由的侵犯，以此来增强公众对戒烟宣传的逆反心理。④

综上所述，欧美国家的媒体在进行科学报道时也不能严守科学、中立、

---

① Pjesivac I, Hayslett M A, Binford M T, "To eat or not to eat: Framing of GMOs in American media and its effects on attitudes and behaviors," *Science Communication*, 2020, 42(6): 747-775.

② 参见范敬群、贾鹤鹏、艾熠等《转基因争议中媒体报道因素的影响评析——对SSCI数据库21年相关研究文献的系统分析》，载《西南大学学报（社会科学版）》2014年第40期，第133-141页。

③ Tinkler P, "'Red tips for hot lips': Advertising cigarettes for young women in Britain, 1920-70," *Women's History Review*, 2001, 10(2): 249-272.

④ Mwangi S, "How tobacco industry uses the media to further its interests," 见https://nacada.go.ke/how-tobacco-industry-uses-media-further-its-interests，刊载日期：2022年3月29日。

客观的立场，反而受到政治和商业的影响。那有没有完全不受政治和商业影响的科学传播呢？这里给大家介绍一个案例。在本书第二章中，我们说过，由于社交媒体的兴起，科学家可以不用借助媒体，自己就能对公众进行科学传播。这种由科学家个人或群体借助社交媒体进行的科学传播反过来可能会影响媒体的议程设置。2020年初，新冠疫情暴发，世界卫生组织（简称"世卫组织"）作为权威科学机构利用Twitter（推特）发布关于疫情的消息。研究发现，世卫组织的推文影响了不同群体关于疫情的讨论。例如，世卫组织的推文影响了媒体和政府官员，使他们呼吁政府通过立法和政策，加强对疫情的监测。[1]这个例子说明，科学家自身的专业性，再加上网络新媒体提供的便利，使得他们有可能影响媒体的议程设置，将正确的信息传递给民众。

但是，科学家的力量是有限的，因为媒体的生存并不依赖于他们，而且上面的例子发生在疫情期间，这个时间点决定了这是一个非常特殊的例子。新冠疫情不是一次普通的公共卫生危机。它波及全球，影响范围极广，且在其暴发之初，人们对它知之甚少，缺少有效的预防措施。所以，在疫情暴发之初，高度的不确定性使得任何国家都束手无策。在这种情况下，各国政府、商业公司、民间组织和媒体只能选择听从权威的声音。换言之，疫情的特殊性赋予了科学家和科学组织在议程设置上的主动权，并使得其他可能限制科学家的主体放弃了议程设置。

## 二 我国科学传播中的议程设置

我国媒体在科学议题的报道和传播上大多与政府的政策保持一致，在话题和信息框架的选择上都体现出官方引导的特征。在我国，党和政府特别重视科学知识和技术的发展，强调科学与国家发展、社会进步之间的关系。这是官方科学传播话语体系的重要特征。例如，在与科学相关的话题选择上，媒体工作者常常会选择能体现国力发展的话题，如航空航天、地

---

[1] Tahamtan I, Potnis D, Mohammadi E, et al., "The mutual influence of the World Health Organization (WHO) and Twitter users during COVID-19: Network agenda-setting analysis," *Journal of Medical Internet Research*, 2022, 24(4): e34321.

球科学、生命科学等。在信息框架上，许多媒体报道都侧重于强调在该议题上取得的成就，反而不太注重对科学知识、理念和推理过程的介绍①。

这些特点都贯穿于许多与科学相关的议程设置过程中。例如，一项关于转基因大米的媒体话语分析显示，12.5%的相关报道使用了科技进步框架，这些报道大多强调转基因大米体现了我国农业技术和科学的发展；7.8%的报道使用了风险框架，这些报道的结论都是要加强对转基因食品的监管；30.6%的报道使用了政策框架，这些报道大多主张要勇敢尝试培育新的转基因食品，但要谨慎推广它们。这些观点都与政府在这一问题上的基调相吻合。②

类似的结论在环境保护议题中也有所体现。一项针对《中国环境报》的研究总结出了五个环境保护议题报道的框架——政策与解读、成效与路径、科普与宣教、人物与故事、国际。其中，使用了政策与解读框架的报道大多紧跟时代政策，立场与官方保持一致；使用了成效与路径框架的报道大多注重报道在环境保护方面取得的成果，展示在建设环境保护城市、环境保护社区上的成绩；使用了人物与故事框架的报道则聚焦于为环境保护事业做出重要贡献的个人，侧重于宣传他们的事迹。从这个角度看，《中国环境报》有关环境保护的报道侧重于宣传而非知识普及。③

当然，中国环境报社是生态环境部的直属新闻出版单位，其本身就承担了比较多的宣传责任。那么，其他主流媒体关于环境保护议题的报道是否会呈现不同的特点呢？一项研究比较了2016—2019年中国（人民日报社、新华通讯社、中国新闻社）和美国（《华盛顿邮报》《纽约时报》《华尔街日报》）关于气候变化议题的报道。研究发现，美国媒体更多使用政治冲突框架和环境危害框架，在强调气候变化可能造成的威胁的同时，也告知公众这个议题在美国已经被高度政治化，由此警告公众，他们听到的反对声音可能

---

① 参见杨若玉、蒲信竹《算法推荐下科学传播议程的现状、特征及问题——以"今日头条"为例》，载《东南传播》2020年第4期，第26—29页。

② Zheng Q, Zhang Z, "An analysis of media discourse on genetically modified rice in China," *Discourse & Communication*, 2020, 15(2): 220-237.

③ 参见张海文《框架理论视阈下〈中国环境报〉国家公园报道研究（2013—2022年）》（学位论文），兰州大学2023年。

是政治因素导致的非理性、非科学的观点；而中国媒体则更多使用公共责任和治理框架，强调气候变化的公共属性，敦促公众投身环境保护事业。①

中美两国的媒体关于气候变化议题的不同报道反映了两国社会在该议题上的现状的差异。在美国，许多人仍然反对气候变化学说，或认为气候变化并非人类行为的结果而是地球的自然变化。所以，美国媒体仍然肩负着向公众科普气候变化相关知识的责任。而绝大多数中国人都认同气候变化与人类行为之间的关系，所以中国已经完成了环境传播的态度层面的说服，现在需要的是将态度转变为行为。

综上所述，我国的科学传播报道在议程和框架设置上体现出媒体与官方的一致性。这种一致性往往也被传递给了民众，使得官方话语、媒体话语和民间舆论话语在某些科学议题上保持高度一致。"基因编辑婴儿"事件便是这样一个例子。在研究了微博中的相关讨论后，研究人员发现，代表官方的微博多使用科学丑闻、法律法规等框架，体现了官方对这一行为的不认可；这两种框架在记者的微博中出现的频率也最高，体现了记者与官方态度一致。②另一项研究分析了官方媒体和科研机构关于"基因编辑婴儿"事件的微博框架及微博评论框架。结果显示，原文框架与评论框架存在较强的一致性。例如，原文和评论中的"个人问责""外部问责"和"科普"框架能够一一对应；使用"个人问责""外部问责"和"受害者权益"三种框架的微博下的评论呈现更明显的负面情绪。这些发现表明，在这个事件中，民间话语与官方媒体和科研机构话语存在高度的一致性。③

这种高度一致性使得许多与科学相关的政策可以在全社会顺利推行。例如，在新冠疫情期间，我国民众与政府保持高度一致，戴口罩等防疫行为在全社会广泛普及，其中，媒体报道发挥了重要作用。复旦大学的潘霁研究发现，国内媒体往往给戴口罩赋予了道德色彩。在这些报道中，戴口

---

① Su Y, Hu J, "How did the top two greenhouse gas emitters depict climate change? A comparative analysis of the Chinese and US media," *Public Understanding of Science*, 2021, 30(7): 881-897.

② Zhang X, Chen A, Zhang W, "Before and after the Chinese gene-edited human babies: Multiple discourses of gene editing on social media," *Public Understanding of Science*, 2021, 30(5): 570-587.

③ 参见张迪、童桐、施真《新媒体环境下科学事件的解读特征与情绪表达——基于新浪微博"基因编辑婴儿"文本的框架研究》，载《国际新闻界》2021年第43期，第107-122页。

罩往往不是个人选择，而是体现了个人对家人的保护。同时，戴口罩也不只是一种维护健康的行为，还是一种维护社会安定的行为，体现了集体主义价值观。① 因此，为什么绝大多数国人会在疫情期间坚持佩戴口罩，也就不难理解了。

虽然许多案例都体现出政府对国内媒体的影响，但媒体也会结合公众的需求，对报道中使用的框架进行微调。一项针对人民日报社的三个媒体平台——《人民日报》、人民网、人民日报微博关于核电议题的报道的研究就体现了这种根据受众需求对媒体框架进行的微调。②《人民日报》在核电议题上使用了进步框架，强调核电是我国科学事业进步的体现，在报道时与官方定调保持一致。人民网作为网络平台，其受众比《人民日报》的受众更年轻、多元，所以人民网便将报道重点放在了宣传核电安全上。人民日报微博则根据微博受众的多元需求和平台互动性强的特征，在报道中使用公共责任框架，强调必须对核电企业进行监督。

但是，在某些议题上，民间舆论与媒体舆论并不能保持一致，甚至会出现很大的差异。一项针对转基因食品漫画的研究发现，主流媒体对转基因食品的态度是中立偏正面，会提到转基因食品的风险，但仍鼓励民众购买。然而，在社交媒体上，部分民众却普遍持负面甚至悲观态度，有部分言论不仅大肆渲染转基因食品的风险，甚至还散布虚假信息与阴谋论。③ 这表明，网络新媒体的普及为普通民众提供了发表自己观点的机会。这种赋权导致民间舆论有可能反过来影响媒体的议程设置。

## 三 小结

在第二章中，我们提到，媒体的发展为科学家向公众传播科学信息提

---

① Pan J, "Masking morality in the making: How China's anti-epidemic promotional videos present facemask as a techno-moral mediator," *Social Semiotics*, 2020, 33(1): 232-239.

② 参见戴佳、曾繁旭、王宇琦《官方与民间话语的交叠：党报核电议题报道的多媒体融合》，载《国际新闻界》2014年第36期，第104-119页。

③ Wang G, Wang L, Shen J, "Food to politics: Representations of genetically modified organisms in cartoons on the Internet in China," *Public Understanding of Science*, 2021, 30(3): 274-284.

供了便利。但这样的便利似乎并没有让科学传播更加有效。那么，是什么原因导致了这样的结果呢？从议程设置理论的视角看，其原因在于媒体并没有全面、准确地向公众传播科学信息。究其根本原因，这是由媒体的盈利模式导致的。虽然媒体是科学传播中独立的主体，但受限于政治、商业资本和民意的影响，媒体不得不周旋于自己的"衣食父母"之间，在各方利益之间寻找平衡。随着网络新媒体的兴起，民众有了更多表达自己声音的渠道，平台也需要越来越多地考虑民众的喜好来调整算法。同时，随着商业资本的介入，世界各国的互联网平台亦频频出现各种乱象。这意味着不经法律或政策的约束，而仅仅依靠公众的智慧和判断力进行优胜劣汰的互联网管理模式已经破产。于是，各国政府越来越多地通过法律、法规和政策来加强对平台的监管和治理。这表明，在未来，媒体可能要承受更大的来自民众和政府的压力。这对科学传播来说意味着什么，我们只能拭目以待。

## 本章思考题

1. 议程设置理论多聚焦于理性层面的对话，但情绪在传播中也发挥了重要作用。你如何看待情绪作为一种框架，在议程设置中的作用？

2. 如果科学完全从政治和经济中独立出来，这对于科学发展而言是好事还是坏事？

3. 在本章中，我们列举了政治、商业资本和民众参与科学传播的案例，但最应该参与其中的科学家和科研机构却似乎缺席了。你如何看待这一现象？科学家和科研机构的缺位有哪些原因？

# 第四章

## 科学议题中公众舆论的形成

美国电影《楚门的世界》描绘了一个细思极恐的故事。楚门从小到大都生活在一座滨海小城,从未离开过这座城市。他的人生像所有普通人一样,按部就班。但其实,他是电视制作公司收养的孤儿,他生活的小城是公司为他搭建的摄影棚。从他出生起,他的一举一动都被摄像机拍摄着,被世界各地的观众关注着,甚至与他交流的人都是剧组的工作人员。当楚门与周围的人交流时,他也被周围的人影响着,所以,他无法逃离这个城镇。可以说,这座城市和楚门周围的人就是为楚门精心构筑的一个温柔的网,而楚门自己就是网中的那只虫子,亲手织就这张网的就是剧组。

这是一部充满了想象的电影,但"楚门的世界"其实每天都在我们身边上演着。媒体为我们建构了一个虚拟世界,这个世界中的一切善恶美丑都由媒体所造就。媒体由此控制了我们对现实世界的认知,塑造了我们的价值观,改变了我们的行为。媒体同样控制了我们身边的人,控制着身边人的对话与讨论,并通过我们与这些人的攀谈进一步影响我们的观念和行为。电影的结尾,楚门走出了摄影棚,摆脱了被控制的人生。但是,绝大多数人终其一生也无法走出媒体为我们构造的"楚门的世界"。

在科学传播中,也存在着像这样的由媒体建构的"楚门的世界"。媒体不仅影响了我们每个个体对科学的认识,还影响了公众对科学的讨论,塑造了关于科学的民间舆论场。那么,媒体是怎样完成这一过程的?这对科学传播又有怎样的影响?这一切和缺失模型的破产又有怎样的关系?本章将围绕这些问题展开讨论。

## 第一节
## 涵化理论：被媒体控制的对现实世界的认识

早在20世纪20年代，美国学者李普曼（Lippmann）就提出了拟态环境（pseudo environment）的概念。他指出，媒体并不是客观、准确地向我们描绘外部世界，我们从媒体中看到的现实世界是经过媒体加工的。① 李普曼将这种经过加工的由媒体描绘出来的现实环境称为拟态环境。后来，美国学者乔治·格伯纳（George Gerbner）继承了这个观点并将其发扬光大，最后正式提出了涵化理论（cultivation theory）。

格伯纳对美国电视台黄金时间播放的电视剧进行了长达9年的研究。② 首先，他探讨了哪些团体对媒体施加了影响，它们如何影响媒体内容的生产、传播和管理。格伯纳认为，当代社会中的电视就如同中世纪的教会和近代的学校。教会是中世纪绝对的知识权威机构，神职人员则担负起了教化民众的责任。教会一方面开设学校，另一方面利用布道和礼拜的机会，向全体民众传播以基督教思想为核心的价值观，并对异端分子进行迫害，以实现思想的统一。到了近代，学校取代了教会。政府通过发行统一的教材，再经由经过统一培训的教师进行知识传授，并通过全国统一的作业和考试，向民众传播主流思想和价值观，实现对民众的规训。当人类社会发展到大众媒体时代，电视的普及使得这种媒体逐渐取代了学校，并发挥传播统一思想的作用。主流价值观被植入电视节目中，普通观众通过收看电

---

① Lippmann W, *Public Opinion*, New York: Harcourt, 1922.
② Gerbner G, "Cultivation analysis: An overview," *Mass Communication & Society*, 1998, 1(3-4): 175-194.

视节目逐渐接受主流价值观,这正是社会能达成共识的思想基础。因此,媒体特别是电视承担了凝聚思想、统一公众观念的职责。格伯纳将这部分研究称为传媒体系制作过程分析。

其次,格伯纳研究了黄金时段电视剧的内容,并将它们与现实世界进行对比。这部分研究被称为信息系统分析。他发现,这些电视剧中的许多内容与现实生活相同,或者至少在现实中能找到原型。最突出的一个特征是,这些电视剧中出现了大量暴力元素。这固然是因为暴力意味着角色之间的矛盾,意味着戏剧冲突,意味着人物有成长的空间因而人物形象可能会变得更加立体。但是,这些暴力情节在现实生活中都有原型,毕竟在任何一个城市都有可能发生银行抢劫案、枪击案和家庭暴力。另外,格伯纳还发现,这些暴力案件中的人物形象也大多符合人们在现实生活中的刻板印象。比如,拯救大众的英雄一般是白人中青年男性,老人、小孩、妇女一般都是受害者,黑人常常是犯罪分子。这些具有种族歧视色彩的描绘恰恰是20世纪六七十年代美国的主流观点。虽然不能说当时美国民众人人都有种族歧视的观念,但这些描绘至少反映了那时社会的普遍认知。同时,这些内容也恰恰体现了格伯纳在传媒体系制作过程分析中提到的主流价值观。

最后,格伯纳通过问卷调查,发现看电视越多的人,他们对现实世界的认知就与电视上描绘的世界越接近。这就是格伯纳所谓的涵化效应。格伯纳认为,媒体塑造了人们对世界的认知。看电视之前,人们对外部环境特别是自己没去过、不了解的国家和区域是缺乏了解的;当他们开始看电视时,电视就给他们相对空白的大脑注入了关于外部世界的信息。因此,媒体塑造了人们对外部世界的认知。信息系统分析的结果显示,媒体经常向人们展示暴力事件,所以经常看电视的人会认为这个世界很危险。格伯纳将这种对世界的认知称为"险恶世界症候群"(the mean world syndrome)。这部分研究被称为涵化分析。

涵化理论正是由上述三个部分组成的一个庞大的理论系统。通过这个理论系统,格伯纳指出,媒体塑造了人们对外部世界的认知,使用媒体越频繁、时间越长,人们对外部世界的认知就越接近媒体织就出来的拟态世界。这种变化是一个潜移默化的、长时间的过程,受众自己甚至都意识不到这种变化。而媒体在制作节目时,将社会的主流价值观渗透进节目内容和信息中，从而完成对公众价值观念的塑造和全社会思想的统一。[①]格伯纳将这种现象称为"主流效果"（mainstreaming effect）。

在接下来的几十年里，许多研究从不同角度进一步丰富了涵化理论，大致明确了这个理论的适用范围。首先，涵化理论适用于一个相对封闭的环境。在这个环境中，公众除了媒体之外，缺乏其他渠道了解目标事物、人物或社会。而一旦有其他渠道扩大公众的认知，他们就有可能收到和媒体提供的不一样的信息。由此可见，媒体会强化人们对外国人、留学生和社会少数群体的刻板印象，这是因为在过去相当长的一段时间里，一般人很少去过国外或很少认识这些人，他们对这些人的印象都来自媒体。[②]在第二章中，我们提到过社会部落化的概念。一方面，绝大多数信息是由算法推送的；另一方面，我们越来越多地只和与自己价值观相近的人交往。所以，从微观层面看，我们每个人都身处信息相对同质化、来源相对单一的环境中，这可能会增强涵化效果。

其次，媒体的涵化效果会受到个体亲身经历的影响。如果亲身经历与媒体描述不同，人们就会更倾向于相信亲身经历。有研究发现，收看电视并不会影响人们对自己生活的社区安全程度的判断，因为人们也知道，媒体上描述的那个充满暴力的环境是整体社会环境，而非自己生活的小环境。但当人们的亲身经历符合媒体的描述时，媒体的涵化效果就会被强化，这种效果被格伯纳称为"回响效应"（resonance effect）。

最后，媒体的涵化效应在无意识的情况下最强。美国学者施勒姆（L. J. Shrum）的一系列实验结果显示，人们对现实环境下意识的判断最接近媒体的描述；相反，人们深思熟虑后做出的判断受到媒体的影响相对较弱。[③]

---

[①] Gerbner G, Gross L, Morgan M, et al., "The 'mainstreaming' of America: Violence profile number 11," *Journal of Communication*, 1980, 30(3): 10−29.

[②] Woo H J, Dominick J R, "Daytime television talk shows and the cultivation effect among US and international students," *Journal of Broadcasting & Electronic Media*, 2001, 45(4): 598−614; Shrum L J, Bischak V D, "Mainstreaming, resonance, and impersonal impact: Testing moderators of the cultivation effect for estimates of crime risk," *Human Communication Research*, 2001, 27(2): 187−215.

[③] Shrum L J, Wyer R S, O'Guinn T C, "The effects of television consumption on social perceptions: The use of priming procedures to investigate psychological processes," *Journal of Consumer Research*, 1998, 24(4): 447−458; Shrum L J, "Processing strategy moderates the cultivation effect," *Human Communication Research*, 2001, 27(1): 94−120.

这些研究说明了两个问题。其一，媒体不仅会影响人们对现实环境的认知，还会将这种认知变成了人们下意识的反应。考虑到在日常生活中，许多决策都不是在深思熟虑的情况下做出的，这说明媒体可能影响了人们大多数的判断和行为。其二，正因为媒体的涵化效应作用于人们无意识的判断，所以媒体对人的影响是潜移默化、润物细无声的。

科学传播的某些特征使媒体可能在科学传播的过程中发挥强大的涵化效应。绝大多数科学信息要么复杂艰深，要么与人们的日常生活相距较远，所以对于大多数没有专业背景的普通民众而言，媒体几乎是他们能接触到科学信息的唯一渠道。因此，媒体的涵化效应可能会对民众如何理解科学信息产生比较强的影响。正如本书前面所述，美国人对转基因食品的认知受媒体影响很大，美国政府和记者对转基因食品相对宽容的态度也透过媒体传递给了美国民众。这就是涵化效果的体现。同样的逻辑也适用于欧洲一些国家。在这些欧洲国家，由于政府和学界对转基因食品持保留甚至怀疑的态度，政府对转基因食品的管制相较于美国更加严格，这使得欧洲一些国家的媒体在报道转基因食品时更多使用伦理框架，并将其与公共议题紧密联系在一起。① 这样的媒体报道使美国民众比欧洲民众更容易接受转基因食品。②

从上述案例中，我们不难看出，一旦媒体形成了对某一议题的统一意见，经过媒体的涵化效应，其就会在社会层面凝聚共识。这个共识反映到公共舆论场上，便会在社会上形成一种占优势地位甚至占压倒性多数的意见。这样一种优势意见会影响公众对这个议题的讨论，从而强化媒体的涵化效果。而沉默的螺旋理论就描述了这样一个过程。

---

① 参见范敬群、贾鹤鹏、艾熠等《转基因争议中媒体报道因素的影响评析——对SSCI数据库21年相关研究文献的系统分析》，载《西南大学学报（社会科学版）》2014年第40期，第133-141页。

② Ujj O, "European and American views on genetically modified foods," *The New Atlantis*, 2016, 49: 77-92.

## 第二节

## 沉默的螺旋理论：被媒体控制的社会舆论

1974年，德国政治学家伊丽莎白·诺艾尔-纽曼（Elizabeth Noelle-Neumann）基于她对德国大选的观察，提出了沉默的螺旋理论（spiral of silence theory）。该理论认为，人具有强烈的从众心理和群体意识。从历史上看，少数派一般都会被群体排挤、被孤立。所以，当人们意识到自己与大多数人不同时，都会选择隐藏自己的不同。同样，当人们认为自己的观点与大多数人都不相同时，他们害怕一旦自己公开说出真实的观点，就会被集体孤立。于是，在这种情况下，他们一般都会选择沉默。[1]

诺艾尔-纽曼认为，沉默的螺旋与媒体相关。媒体可以通过议程设置，放大不同观点的声音。对于符合媒体或者其背后政治、商业团体利益的声音，媒体会增加它们的曝光度；而对于那些不符合这些团体利益的声音，媒体则会减少它们出现在媒体上的频率，或者将它们放在不重要的位置，甚至直接删除。在当下的网络媒体环境中，平台还可以调整它们的算法，降低不符合它们利益的声音被推荐的概率。也就是说，除了删帖、封号这些直接禁言的做法，平台可以在不侵犯个体言论自由的情况下，使某些声音直接被湮没在沸沸扬扬的网络舆论场中。这样一来，长此以往，人们在媒体中就只会听到一种声音，这就是媒体建构出的"意见气候"（opinion climate），即媒体能构建主流观点。而在大众的意识中，主流的就是正确

---

[1] Noelle-Neumann E, "The spiral of silence: A theory of public opinion," *Journal of Communication*, 1974, 24(2): 43−51.

的，因为少数派会被排挤、被孤立。所以，主流的声音会在大众的潜意识中被当作正确的声音。

媒体这样的操作还只是最普通的议程设置的操作。如果结合本书第三章提到的议程设置理论和本章第一节提到的涵化理论，就可以发现媒体对意见气候的构造是全方位的。例如，媒体可以通过第二层次和第三层次的议程设置，引导民众相信在某个议题上"正确"的价值观和态度是什么。此外，媒体还可以将它们认可的价值观植入节目中，通过涵化作用，向民众传达它们想要让民众接受的价值观。这样"数管齐下"，长此以往，媒体将会构建出一套思想观念方面的社会规范体系。

这样的社会规范体系会通过媒体传递到社会层面。在日常生活中，我们每个人都难免与他人讨论社会问题。根据议程设置理论中的第一层次，我们日常讨论的话题可能本身就是经常见诸媒体的议题。由于媒体已经向民众传达了什么才是主流的思想观念，当民众发现自己的观点不符合这套社会规范体系时，由于担心自己被孤立，便会在日常交流时选择沉默。长此以往，在民间，由于自认为是少数派的人都会沉默，与主流观点不同的声音就会逐渐消失在日常社交场合中。最后，民间舆论场就会与媒体创造出来的意见气候完美合一。

2016年美国总统大选便是一个可以帮助我们理解沉默的螺旋理论的典型案例。当时，民主党候选人希拉里和共和党候选人特朗普角逐白宫。由于大多数美国媒体支持民主党，美国的文艺界在意识形态上也与民主党保持一致，因此，当时美国媒体支持希拉里、嘲讽特朗普的声音呈现压倒性态势，以至于数次民调结果都倾向于希拉里。这样的意见气候抑制了人们表达真实看法的意愿。[1]

值得注意的是，沉默的螺旋理论认为，真正影响公众表达意愿的并非真实的意见气候，而是公众感知到的意见气候。换言之，不是某种意见必须真的占主导地位才会影响人们，而是只要人们觉得自己的观点不是主流观点就可以了。因此，媒体可以发挥它们在议程设置上的优势，影响人们

---

[1] Kushin M J, Yamamoto M, Dalisay F, "Societal majority, Facebook, and the spiral of silence in the 2016 US presidential election," *Social Media + Society*, 2020, 5(2).

对意见气候的判断。此外，公众感知到的意见气候还与议题相关。有研究指出，沉默的螺旋这一现象与道德密切相关。①因为在涉及道德的议题上，公众不用看媒体的报道，也都会默认主流声音体现的是符合道德观念的立场，所以，如果他们的观点与道德观念相悖，他们就可能就会变成少数派。另外，如果人们针对与道德相关的议题展开讨论，这场讨论大概率就会变成一场道德批判大会。观念与道德观念一致的人往往会站在道德的制高点上对与他们持相反立场的人展开挞伐。这无疑提高了沉默的螺旋出现的概率。

网络新媒体对沉默的螺旋产生了怎样的影响呢？在互联网刚刚出现时，学者们认为，互联网的匿名性降低了个体的可辨识性，可能会令用户产生安全感，降低沉默的螺旋出现的概率。②然而，匿名性的恶果很快就显现出来。匿名性使人们能更加肆无忌惮地攻击他人，甚至网络的连接性使统一行动成为可能，这增加了在网上因一言不合就施加"网暴"（网络暴力）的可能性。因此，匿名性反而促进了沉默的螺旋的出现。③这也促使学者们提出，在新媒体平台上，沉默的螺旋出现的原因不仅是害怕被孤立，还有害怕被非议和受到人身攻击。④

随着社交媒体成为主要的社交工具，越来越多的人选择将社交媒体作为讨论的平台。但诸如微信、脸书（facebook）这一类强连接型的社交媒体，其实是线下社交的一种延续，因为人们在这些社交媒体上无法做到匿名，且许多线上社会关系与线下社会关系重合。这种线上与线下社交圈的重合增加了表露真实想法的风险，提高了沉默的螺旋出现的概率。⑤

---

① Mosher D L, "Threat to sexual freedom: Moralistic intolerance instills a spiral of silence," *The Journal of Sex Research*, 1989, 26(4): 492−509.

② Culnan M J, Markus M L, "Information technologies," in Jablin L L P F M, Roberts K H, Porter L W(Ed.), *Handbook of Organizational Communication: An Interdisciplinary Perspective*, Thousand Oaks: Sage, 1987.

③ Fox J, Holt L, "Fear of isolation and perceived affordances: The spiral of silence on social networking sites regarding police discrimination," *Mass Communication and Society*, 2018, 21(5): 533−554.

④ Neubaum G, Krämer N C, "What do we fear? Expected sanctions for expressing minority opinions in offline and online communication," *Communication Research*, 2018, 45(2): 139−164.

⑤ Rui J R, Cui X, "How technological affordances predict political expression via Quora: Mediated by risk appraisal and moderated by social motivation," *Cyberpsychology: Journal of Psychosocial Research on Cyberspace*, 2022, 16(3): 84−100.

此外，智能媒体的出现还为媒体提供了另一种操纵舆论的方式。近年来，社交媒体上出现了许多由算法生成的机器人账号。这些机器人账号可以伪装成正常社交媒体账号发布信息，影响民众对意见气候的判断。有研究发现，机器人账号扰乱了美国2016年总统大选[1]和法国2017年总统大选[2]。因此，网络新媒体的出现并没有让沉默的螺旋消失。

但是，沉默的螺旋理论也有例外。虽然绝大多数人都害怕因意见不同而被孤立，但仍有一些人会坚持己见，即明知自己是少数派，也会表达自己的观点。由于这些人的存在，民间舆论场不会实现真正的大一统。此外，由于新媒体的赋能，这些人还会在新媒体上发表观点。互联网的一大特征是群体性，即人们很容易就能在网上找到与自己观点一致的人或群体。因此，除非被采取直接的压制措施，否则，这些人还是会在线上聚合，制造反主流的舆论。

虽然大多数人会选择不直接发表自己的意见，但他们会以另一种方式表达自己的想法。2016年，虽然特朗普在媒体上没有获得较多的支持，但也有不少民众选择了在自家的草坪上插上支持特朗普的牌子[3]。这是一种可以逃离媒体控制、表达自己观点的方式。另外，当人们觉得自己的观点并非多数时，他们也喜欢用"点赞"这种不被人注意的方式来表达自己的观点，以便降低直接表达观点的风险[4]。

综上所述，我们讨论了媒体如何通过涵化效果和沉默的螺旋机制影响人们的意见表达。那么，这些与透过媒体进行的科学传播有什么关系？为什么涵化理论和沉默的螺旋理论意味着缺失模型的破产？

---

[1] Bessi A, Ferrara E, "Social bots distort the 2016 US Presidential election online discussion," *First Monday*, 2016, 21(11-7).

[2] Ferrara E, "Disinformation and social bot operations in the run up to the 2017 French presidential election," *First Monday*, 2017, 22(8).

[3] ABC News: *Signs along the way: Trump lawn signs*，见 https://abcnews.go.com/Politics/signs-trump-lawn-signs/story？id=43504371，刊载日期：2016年11月14日。

[4] Porten-Cheé P, Eilders C, "Spiral of silence online: How online communication affects opinion climate perception and opinion expression regarding the climate change debate," *Studies in Communication Sciences*, 2015, 15(1): 143-150.

## 第三节

# 科学传播语境中的涵化效应和沉默的螺旋理论

在本书第三章中,我们表达了一个观点:虽然科学议题看似与政治、商业无关,却经常被政治化而成为政客谋求政治利益的工具,或者被商业资本利用以谋取利益。因此,关于科学信息的讨论从来都不是单纯的科学命题。在某些情况下,科学信息会与政治、商业、社会等因素深度绑定。这也意味着科学信息容易被媒体议程设置、涵化,进而使关于它们的讨论陷入沉默的螺旋。

### 一 美国社会对于气候变化议题的传播与讨论

20世纪90年代,环境问题尚未引起美国人的重视。美国的电视节目中关于环境问题的报道不多,电视剧中表现环境问题的也不多。即使涉及环境问题,也经常将会它与科学、技术、教育、宗教联系在一起,作为某些议题的附属部分。在当时的美国电视节目中,经常会出现的一个观点是,科学与技术的发展对环境造成了威胁。[1]这个观点也被传递给了公众,体现了电视节目对民众的涵化效应。

进入新千年后,气候变化愈加明显,由此引发的自然灾害也发生得愈

---

[1] Shanahan J, Morgan M, Stenbjerre M, "Green or brown? Television and the cultivation of environmental concern," *Journal of Broadcasting & Electronic Media*, 1997, 41(3): 305-323.

加频繁。环境问题因而受到美国媒体越来越多的关注。同时，民主党与共和党在气候变化和环境保护议题上的分歧也越来越明显。于是，两党操纵自己的媒体，向各自的受众和选民展现了气候变化的不同图景。格伯纳认为，媒体的涵化效应可以使媒体承担起统一社会思想的责任，但这一论断成立的前提是，不同的媒体在应该向民众传递怎样的统一思想这一问题上保持一致。然而，美国媒体对气候变化问题的描述大相径庭。一项研究显示，从20世纪90年代到2015年，美国媒体在气候变化议题上的报道提及政党的比例呈上升趋势，到2015年平均比例已达50%，呈现越来越鲜明的政治化特色。[①] 例如，支持共和党的媒体对气候变化报道较少，而且在此类报道中立场模糊，语焉不详。相反，支持民主党的媒体对气候变化的报道数量较多，且一直旗帜鲜明地支持气候变化的真实性及其与人类活动的密切关系。

这种政治化的媒体报道产生了显著的涵化效果。一项研究发现，收看支持共和党的媒体报道越多，人们就越不信任科学家，也越不认同全球变暖的说法；反之，收看支持民主党的媒体报道越多，人们就越信任科学家，也就越认同全球变暖的说法。[②] 所以，与格伯纳的论断相反，在气候变化议题上，媒体非但没有起到统一美国社会思想的作用，反而加剧了美国社会思想的分歧。这并不是涵化理论在气候变化议题上失效了；相反，这一发现是对涵化理论最好的印证，因为它体现了两党媒体对各自受众在气候变化议题上的认知产生了明显不同的影响。

除涵化效果外，学者们还在气候变化议题上发现了沉默的螺旋的证据。有研究表明，错误地估计在气候变化议题上的意见气候是导致人们不愿发表自己观点的关键因素。[③] 在日常交流的场景中，当人们觉得自己在气候变化问题上的观点属于少数派时，他们便会选择不发表意见。在一项研究中，

---

① Merkley E, Stecula D A, "Party elites or manufactured doubt? The informational context of climate change polarization," *Science Communication*, 2018, 40(2): 258-274.

② Hmielowski J D, Feldman L, Myers T A, et al., "An attack on science? Media use, trust in scientists, and perceptions of global warming," *Public Understanding of Science*, 2013, 23(7): 866-883.

③ Geiger N, Swim J K, "Climate of silence: Pluralistic ignorance as a barrier to climate change discussion," *Journal of Environmental Psychology*, 2016, 47: 79-90.

研究人员非常难得地采访了美国俄克拉何马州的政府工作人员。①这些工作人员透露,在州政府的日常工作会议中,反对气候变化学说的声音占据了主导地位。州政府官员普遍对气候变化的真实性及其与人类活动的关系持怀疑甚至否定态度,他们反对遏制气候变化的环境保护政策。这样的立场导致州政府形成了反气候变化学说的意见气候,并使得支持气候变化学说的人承受较大压力而不敢直言,从而形成了关于气候变化的沉默的螺旋。

这些因素自然影响了美国民众对气候变化的讨论,也影响了美国民众形成关于气候变化的正确认知,使得美国社会难以凝聚力量进行环境保护。在美国的政治制度和社会制度下,联邦政府不可能像我国政府那样集中力量在全社会全力推行某个政策。美国的社会制度与政治制度决定了在美国,若想让民众正确认识某个科学问题,或者形成统一的观念和采取统一的行动,只能打破隔阂,创造一个可自由发言、自由辩论的舆论环境,让真理越辩越明,最终使错误观点被真理淘汰。然而,共和党与民主党在政治利益上的分歧,致使立场相左的媒体互相阻挠,难以向民众传达正确、客观的声音。在美国,让民众正确认识气候变化似乎已经成为一个无解的难题。

## 三 中国社会对于转基因食品议题的传播与讨论

在本书第三章中,我们提到在我国,关于转基因食品的公共舆论呈现割裂的特点。主流媒体对转基因食品的态度总体上是正面的。但是,在社交媒体上,公众对转基因食品的态度却截然相反。这体现出我国官方话语和民间话语在转基因食品问题上的不同观点。那么,这些不同观点如何影响我国民众关于转基因食品议题的讨论呢?

有学者认为,民众进入转基因食品议题的讨论场,出现了三个后果。②

第一,部分民众本身缺乏专业知识,其讨论的内容缺乏科学性和专业

---

① Gurney R M, Dunlap R E, Caniglia B S, "Climate change SOS: Addressing climate impacts within a climate change spiral of silence," *Society & Natural Resources*, 2022, 35(12): 1276-1296.

② 参见范敬群、贾鹤鹏、艾熠等《转基因争议中媒体报道因素的影响评析——对SSCI数据库21年相关研究文献的系统分析》,载《西南大学学报(社会科学版)》2014年第40期,第133-141页。

性，甚至无法集中在转基因食品本身上，反而牵扯出一些其他的话题。例如，转基因食品对生态规律的破坏、转基因食品存在安全隐患、转基因食品是商业资本运作的结果等。这些讨论越扯越远，以至于某些虚假信息都掺杂其中。① 这显然不利于对转基因食品知识进行普及和讨论。

第二，虽然民众的讨论缺乏专业性和科学性，但是，因为民众数量多，反而对专家的意见形成倒逼。专家在舆论场中受到指责、遭到排斥，最后被迫选择沉默，这个现象也被称为"沉默的螺旋的倒置"②。因为专家选择了沉默，所以他们的观点无法得到传播。科学无法占据的舆论场，自然就被虚假信息占领了。长此以往，越来越多的专家选择在转基因食品这个议题上保持沉默。本来在一个专业门槛极高的议题中，权威声音应该来自科学家，政府和媒体应该尊重科学家的意见、将科学家的观点通过媒体传播给民众，遗憾的是，在某些议题上，科学家的声音却被边缘化，甚至到了几乎销声匿迹的地步。

第三，在转基因食品这个议题上，专家本身也没有形成统一意见。一项关于转基因食品讨论的大数据研究显示，专家们在转基因食品的问题上各执一词。支持转基因食品的专家几乎都具有生物科技或农学专业背景；而反对转基因食品的专家构成则更加多元，不但有自然生态专家、非政府组织，还有媒体工作者、军事评论家等。虽然反对派的专业性可能相对较弱，但由于其人员构成更加多元，他们有更多的发声渠道，因此，反对派的整体声量更大。③ 这些反对派的观点又被民间话语所采纳，作为支撑他们观点和立场的依据。在这样的压力下，原本可能传播转基因食品正面观点

---

① Wang G, Wang L, Shen J, "Food to politics: Representations of genetically modified organisms in cartoons on the Internet in China," *Public Understanding of Science*, 2021, 30(3): 274–284; Yang Z, "Similar attitudes, different strategies: A limited survey of the discourse strategies to oppose genetically modified organisms conspiracy theories by Chinese scientist communicators and citizen communicators on Zhihu," *Frontiers in Psychology*, 2022, 13: 926098.

② 参见范敬群、贾鹤鹏、艾熠等《转基因争议中媒体报道因素的影响评析——对SSCI数据库21年相关研究文献的系统分析》，载《西南大学学报（社会科学版）》2014年第40期，第133-141页。

③ 参见黄彪文《转基因争论中的科学理性与社会理性的冲突与对话：基于大数据的分析》，载《自然辩证法研究》2016年第32期，第60-65页。

的声音也难以在社交媒体上出现。各个派别各执一词，公众难以获得真正的知识。

## 三 作为政治传播的科学传播

行文至此，我们不难得出一个结论，虽然科学传播的内容是科学知识，但其过程、机制与政治、经济、社会文化紧密相关。在本书第一章中，我们提到美国学者迪特兰姆·A.舍费勒提出了作为政治传播的科学传播模型（science communication as political communication）。[1] 这个模型的提出有两个现实依据。第一个现实依据是媒介化社会导致媒体在科学传播中发挥了重要作用，以至于任何人都无法忽视媒体对科学传播的过程和结果的影响；第二个现实依据是科学传播与政治的密切关系。

首先，科学家并非完全置身于政治之外，他们会利用自己的专业知识向政府建言献策，对政策和立法施加影响。许多公共政策也是基于某些科学研究的发现制度的。在应对许多重大公共卫生危机时，政府都会倾听专家的意见，建议民众实施各种防护措施，甚至会出台相关的法律和政策，要求民众采取防护措施。

其次，许多科学议题在受到媒体关注后进入公共视野并非因为公众想要学习相关的科学知识，而是因为这个议题与伦理道德、法律政策、社会治理、经济发展、外交、国际关系有关。例如，在美国，环境保护议题之所以广受媒体关注，是因为环境保护必然要求改变经济发展模式、舍弃传统重工业。但这一要求势必会改变美国的经济结构，令本就衰落的重工业"铁锈带"以及依靠能源发展的地区雪上加霜，进而改变这些地区的选情。此外，环境保护甚至还会成为美国外交中的一张牌，如以环境保护为借口可以向一些国家提出要求。在我国，转基因食品之所以被热议，是因为它涉及食品安全，关系到每个人的健康。"民以食为天"，食品安全和营养关系到每个人生存和日常生活的基本条件。转基因食品是否安全，有什么潜

---

[1] Scheufele D A, "Science communication as political communication," *Proceedings of the National Academy of Sciences*, 2014, 111(supplement_4): 13585-13592.

在风险，这些潜在风险会在多大程度上对人特别是儿童产生影响？这些问题不但与伦理道德有关，更会影响我国食品安全法律法规的制定。

最后，媒体与科学之间紧密的关系以及政治与科学之间密切的联系，这两点并不是孤立的。一方面，因为科学与政治密切相关，容易吸引更多流量，这就导致了媒体天然会关注科学；另一方面，科学也需要媒体，因为通过媒体，科学可以吸引更多公众的关注和参与，这样才能促进科学事业的繁荣发展。

据此，迪特兰姆·A.舍费勒认为，在政治传播的科学传播中，科学家与公众之间的直接交流并非重点，因为绝大多数科学信息都要通过媒体传播。同时，任何媒体、公众、科学家之间的沟通也都发生在特定的社会政治环境下。因此，要想真正理解科学传播、做好科学传播，就要理解我们身处的社会环境、文化环境、政治环境。

在本章和第三章中，我们试图从媒体的角度揭示缺失模型失效的原因。在第三章中，我们认为这是因为媒体会根据其自身利益以及背后的政治、商业利益和民众的意见设置科学议程。本章在第三章的基础上，从涵化理论和沉默的螺旋理论的角度对这个问题的答案进行了补充。被政治和商业利益裹挟的媒体，无法向公众原原本本地还原科学的真相，却会操控人们对科学的认知、左右人们对科学的讨论。或许，当科学家与媒体合作时，并没有料到虽然媒体给科学插上了一双翅膀，让科学飞得更远，但这么振翅一飞，科学却飞出了科学家所能掌控的范围。

不过，这个问题并非不可解决。从逻辑维度看，既然科学传播失败的原因在于媒体，科学家就应该重新掌握媒体，或者说应该充分利用媒体。在人人都能发声的网络新媒体时代，这一点并非不可实现。科学家可以利用社交媒体，遵循受众的认知规律和媒体的传播规律，发布一些能吸引公众注意而且具有权威性的专业知识的科学传播媒体内容，从而有效推动科学传播向他们希望的方向发展。科学家的专业素养和权威身份，加之公众总体上对科学家敬重的态度，可以增加科学家主导的科学传播的说服力，令科学家在这场科学舆论阵地的争夺战中占据先机、拔得头筹。

### 本章思考题

1. 结合本章和第三章的内容，谈一谈媒体如何影响人们对器官捐献的态度。

2. 如何理解迪特兰姆·A. 舍费勒的作为政治传播的科学传播模型？结合这个模型，谈一谈应如何将政治社会因素纳入科学传播的实践工作中。

## 第五章

# 科学信息获取和理解的不平等

　　1962 年，加拿大学者马歇尔·麦克卢汉（Marshall McLuhan）在他的新书《谷登堡星汉璀璨：印刷文明的诞生》中首次提出"地球村"的概念。他指出，信息和知识传播的物理障碍正在被大众媒体打破；大众媒体的高度发达使信息和知识的共享越来越便利，不同地区和不同群体之间互通有无，最后使得整个世界在文化上成为一个整体。麦克卢汉的这一畅想在三十多年前互联网技术刚刚兴起时又被人重新提及。人们纷纷畅想，互联网技术带来了信息的高速传播，使信息能在不同地区和不同人群之间广泛传播，最终将消弭不同社会阶层、不同国家和地区之间由经济和文化发展不均衡所造成的差异。一个大同世界似乎即将在互联网中诞生。然而，时至今日，多项统计数据显示，在世界范围内，不同国家之间的教育水平差距越来越大；在许多国家的内部，不同社会阶层之间的文化水平差距也越来越大。这样的现实无疑令当初平等的乌托邦构想看上去像是个笑话。

　　在本书的第三章和第四章，我们主要从媒体的角度出发，解释了为什么依靠缺失模型进行科学传播在现实世界中行不通。在本章及第六章，我们将从受众的角度出发，探讨缺失模型在受众端破产的原因。具体而言，本章将从知识鸿沟和数字鸿沟的角度，向大家解释为什么不能保证每一个人都能从科学传播的信息和活动中获取同等的知识水平。

## 第一节
## 科学传播中的知识鸿沟

1969年，美国国家教育电视台播出了一个全新的儿童教育节目——《芝麻街》。这是一次将大众媒体、娱乐节目和学前教育进行融合的尝试。在此之前，美国在教育方面仍然坚持传统路线，将教育视为关于知识的、严肃的单向传输。《芝麻街》第一次将娱乐融入教学，并通过大众媒体将这样寓教于乐的内容传播给社会大众。于是，一经播出，《芝麻街》就获得了很高的收视率，并在美国社会中引起了广泛讨论。

然而，在一片叫好声中，赫伯特·斯普里格尔（Herbert Sprigle）和托马斯·库克（Thomas Cook）两位学者对该节目前两季的研究却成为这一片赞扬声中不和谐的音符。他们发现，《芝麻街》拉大了贫困家庭和中产阶级家庭孩子的教育水平差距。在当时，这并没有引起大众的重视，却启发了其他学者的研究。

1970年，菲利普·蒂什诺（Philip Tichenor）、乔治·多诺修（George Donohue）、克拉丽斯·欧利恩（Clarice Olien）提出了知识鸿沟假说（the knowledge gap hypothesis）[①]。所谓知识鸿沟，指的是不同阶层在知识水平上存在显著差距，而大众媒体可能使这种差距变大。蒂什诺、多诺修和欧利恩认为，随着大众媒体在全社会的普及，尽管所有人都能从媒体中获取信息、学习知识，但社会经济地位较高的人群比社会经济地位较低的人群获取知

---

① Tichenor P A, Donohue G A, Olien C N, "Mass media flow and differential growth in knowledge," *Public Opinion Quarterly*, 1970, 34(2): 159-170.

识的速度更快。因此，这两者之间在知识水平上的差距会逐渐扩大。

菲利普·蒂什诺等进而对知识鸿沟产生的原因进行了分析。

第一，社会经济地位较高的人群，其认知基础更好，可能对媒体上传播的知识早就有所了解，再加上他们比社会经济地位较低的人群从大众媒体中获取和学习知识的速度更快，所以两个群体之间的知识水平差距会越拉越大。

第二，社会经济地位较高的人群接受过更好的教育，所以他们更擅于阅读、理解和记住信息。这也是为什么尽管所有人都能从媒体中获取信息、学习知识，但社会经济地位较高的人群学习新知识的速度更快。

第三，社会经济地位较高的人群人脉更广，参与的社会活动更多。正如《陋室铭》中所说的，"谈笑有鸿儒，往来无白丁"，这一人群的交际圈中可能有许多高知分子，或者各行各业的佼佼者，与这些人交往无疑更有可能获取新的知识。换言之，社会经济地位较高的群体可以不通过大众媒体学习新知识，他们在日常的社交活动中就能学到知识。

第四，社会经济地位较高的人对新闻更感兴趣，而新闻是传播有用信息、提高人们知识水平的重要媒介形式。因此，他们能通过媒体获得更多的知识。

上述四个原因在科学传播语境下尤为突出。首先，理解科学议题需要具备一定的专业知识，即使不具备与议题一致的专业背景，公众也必须具备较高的阅读和理解信息的能力。社会经济地位较高的人群一般受过更好的教育，文化基础更好，这使他们在理解科学知识上具有一定的优势。其次，人类的社交活动和社会关系具有同质化的特征。大量社会学研究表明，人们更容易与自己背景相似的人成为朋友。社会经济地位高的人群更有可能与其他高知群体成为朋友，而且这些高知群体可能分布于各行各业。正因为有这些与自己行业不同的精英朋友，社会经济地位高的人群更有可能通过人际交往获得新的科学信息、学习新的科学知识。最后，许多研究发现，人们的社会经济地位与其对科学的兴趣呈正相关。社会经济地位越低的群体对科学越不感兴趣，所以在使用媒体时，他们越不愿意主动搜索和接触科学信息。

大量关于不同领域、不同议题的研究通过不同方法验证了知识鸿沟的存在。横截面研究验证了具有不同社会经济地位的群体关于某些议题（如教育、收入、地域）的知识水平的确存在差别。[①]但纵贯性研究的结果似乎与横截面研究得出的结论不同。纵贯性研究发现，在某个具体议题上，虽然社会经济地位较低的人群学习速度较慢，但假以时日，他们仍然能赶得上社会经济地位较高的群体。[②]可是，换个角度看这个问题，虽然某项议题的学习效果可能会达到极高的程度，但社会经济地位高的人因为对科学充满了兴趣，所以他们不会停止学习。他们可能在某项议题的学习效果达到饱和后，转而寻找下一项议题来学习。从整体上看，社会经济地位较高的群体的学习速度可能更快，其学到的知识也更多。因此，这些研究都指向了一个令人沮丧的结果，即大众媒体并没有像许多人所期望的那样带来"知识平权"，反而加剧了现有不同阶层之间在知识水平上的差距。

20世纪90年代，随着人类进入互联网时代，知识鸿沟在新的媒介环境下也得到了印证。此外，随着针对知识鸿沟的实证研究越来越多，一些相关的元分析也开始浮出水面。例如，一项发表于2009年的元分析显示，不同阶层间的知识水平差距会因为议题不同而不同。在政治、经济、国际类的议题上，知识鸿沟更明显。[③]这似乎可以用蒂什诺等关于知识鸿沟形成的第二个和第四个原因来解释。社会经济地位更高的人似乎更关心国内外政治、经济等话题，而理解这些话题本身需要更高的知识素养，这也降低了社会经济地位更低的群体对这些议题的兴趣。此外，这项研究还发现，知识鸿沟的程度与如何定义知识相关。如果将知识定义为公众对某些议题的信念和看法，那么不同阶层间的知识鸿沟并不大；但如果用公众对议题重

---

① Bekalu M A, Eggermont S, "Media use and HIV/AIDS knowledge: A knowledge gap perspective," *Health Promotion International*, 2013, 29(4): 739–750; Ho S, "The knowledge gap hypothesis in Singapore: The roles of socioeconomic status, mass media, and interpersonal discussion on public knowledge of the H1N1 flu pandemic," *Mass Communication and Society*, 2012, 15(5): 695–717.

② Wanta W, Elliott W R, "Did the 'magic' work? Knowledge of HIV/AIDS and the knowledge gap hypothesis," *Journalism & Mass Communication Quarterly*, 1995, 72(2): 312–321; Viswanath K, Jahn E, Finnegan Jr J R, et al., "Motivation and the knowledge gap: Effects of a campaign to reduce diet-related cancer risk," *Communication Research*, 1993, 20(4): 546–563.

③ Hwang Y, Jeong S H, "Revisiting the knowledge gap hypothesis: A meta-analysis of thirty-five years of research," *Journalism & Mass Communication Quarterly*, 2009, 86(3): 513–532.

要性的判断或者用知识水平和素养去测量公众对某个议题的认知水平,则不同阶层间的知识鸿沟就会变得更大。①

另一项发表于2019年的元分析则提供了另一些发现。具体而言,在媒体曝光度越高的议题上,知识鸿沟越大;但是,在一些社会讨论度高的议题上,则不存在知识鸿沟。这说明,尽管媒体宣传不能缩小知识鸿沟,但广泛的社会讨论似乎可以消弭在某些议题上的知识鸿沟。②这个发现乍一看与本书第三章和第四章的结论相反,因为在这两章中,我们提到,由于媒体设置了"什么是重要的话题",所以媒体曝光度高的议题一般在现实中也会被公众广泛讨论。但是,媒体曝光度高的议题与公众热议的话题并不是完全重合的,这一点在科学传播中尤为突出。例如,这些年,我国一直在大力提倡节能减排、低碳出行,倡导绿色环保的生活方式的新闻报道和评论文章在各大媒体上屡见不鲜,但是,民间对此话题的反应相对冷淡。也就是说,无论是支持还是反对,这些关于环境保护话题的讨论一直不是人们热议的重点。

这个发现或许还说明了一个问题:人们使用媒体越多,则知识鸿沟越大。这一结论从侧面证明了媒体是加大知识鸿沟的催化剂,由此也引出了另一个相关概念——数字鸿沟。

---

① Hwang Y, Jeong S H, "Revisiting the knowledge gap hypothesis: A meta-analysis of thirty-five years of research," *Journalism & Mass Communication Quarterly*, 2009, 86(3): 513−532.

② Lind F, Boomgaarden H G, "What we do and don't know: A meta-analysis of the knowledge gap hypothesis," *Annals of the International Communication Association*, 2019, 43(3): 210−224.

## 第二节
# 从知识鸿沟到数字鸿沟

数字鸿沟（digital divide）的概念看似与互联网绑定在一起，但早在20世纪90年代人类社会迈入互联网时代之前，类似的观念就已经被提出来了。早在工业革命期间，就有人提出，穷人的利益最容易被新技术和新生产方式损害。随着网络新媒体高速发展，数字鸿沟的现象也引起学术界的关注。经过几十年的发展，学者们提出了三种形式的数字鸿沟。

### 一 接入沟

第一种形式的数字鸿沟是接入沟，即不同社会经济地位的群体在媒体的占有上存在差距。每种新型媒体刚出现时都价格不菲，只有具备一定经济实力的人才有能力购买。以智能手机为例，智能手机刚出现时，其昂贵的价格令许多人望而却步。即使到今天，虽然智能手机在我国已经基本实现了普及，但不同品牌、不同型号的智能手机在价格上仍然存在显著差异。

因此，摆在社会阶层较低的群体面前的第一道障碍便是经济压力。这种经济压力不仅体现在个体层面的经济困窘，更体现在区域层面基础设施的缺乏。换言之，社会阶层较低的人群首先要有足够的钱购买网络新媒体的设备，但即便如此，如果他们居住的区域没有宽带服务，那么他们的设备也形同摆设。

但令人欣慰的是，接入沟是最容易被缩小甚至被彻底消灭的。大规模的基础建设、政府主导的经济扶贫和信息扶贫，以及技术发展带来的网络新媒体设备和服务成本的降低，都可以促使接入沟逐渐变小。我国的互联网虽然起步晚，但由于制度优势，在20年间赶上了欧美发达国家互联网的发展水平。第54次《中国互联网络发展状况统计报告》显示，截至2024年6月，我国网民规模近11亿人，互联网普及率达78.0%。[①] 网络新媒体的接入沟在我国已经大大缩小了。

## 二 使用沟

除了接入沟，社会阶层较低的人群需要面临的第二道障碍是使用沟，即不同社会经济地位的群体在使用媒体的动机和行为上存在差异。说到使用沟，就需要提到一个概念——选择性接触，即人们在决定使用何种媒体时会选择与自己的价值观、兴趣一致的媒体。不同国家的实证研究均发现，不同社会阶层的人群在使用新媒体的动机和行为上存在着差异。社会经济地位高的人更倾向于使用网络新媒体来获取信息、学习知识、拓展人脉、培育社会资本。对于社会经济地位低的人而言，他们使用网络新媒体的主要动机则是娱乐、消磨时间。[②] 此外，如果我们把关注的焦点放在使用新媒体获取信息这一行为上，那么这两类人群在关注的信息上也存在明显的差别：社会经济地位高的人用新媒体更多的是在阅读电子书，或浏览自然科学、经济商务、国内外政治等类别的信息；而社会经济地位低的人从新媒体获取的信息则更多局限于娱乐八卦、本地新闻等。我国学者宋红岩在一项针对长三角进城务工人员的手机使用调研中，将教育程度作为社会经济地位的一个考察指标，也得到了相似的结论。[③]

在算法主导的时代，使用沟的问题似乎越来越严重。一方面，社会经

---

[①] 参见《第54次〈中国互联网络发展状况统计报告〉发布》（https://baijiahao.baidu.com/s?id=1808688454775130578&wfr=spider&for=pc），刊载日期：2024年8月29日。

[②] Micheli M, "Social networking sites and low-income teenagers: Between opportunity and inequality," *Information, Communication & Society*, 2016, 19(5): 565-581.

[③] 参见宋红岩《"数字鸿沟"抑或"信息赋权"？——基于长三角农民工手机使用的调研研究》，载《现代传播》2016年第6期，第132-137页。

济地位低的人出于自身兴趣的原因而较少地选择接触科学知识，这种行为数据会被平台记录下来，转换为算法；另一方面，这种算法只会向用户推送他们感兴趣的信息，这就使得社会经济地位较低的群体在新媒体平台上接触到科学知识的概率更低。周而复始，就形成了一个恶性循环。

  这些结论均印证了蒂什诺等提出的知识鸿沟的第四个成因。值得注意的是，社会经济地位低的人群并非生来就对科学知识缺乏兴趣，而是由他们后天成长的环境所致。西方教育学家和社会学家认为，随着教育成本的上升，受教育的阶层越来越固化，例如，许多小学按照其所在片区的人均收入水平在财力和师资上有了高下之分。出生在社会阶层较低的家庭，孩子大概率只能去上师资力量一般甚至欠佳的学校。这些学校往往无法为他们提供更多的科学教育。在家里，这些孩子的父母可能迫于经济压力疲于奔命，也无法向他们提供额外的科学教育。此外，在本章第一节中，我们还提到过一个观点，人更容易和与自己背景相似的人成为朋友。[1] 所以，如果一个人出生在社会阶层较低的家庭，其从小结交的朋友就可能与其具有相似的家庭背景。在家庭和学校的双重影响下，他们可能也缺乏科学教育。所谓"近朱者赤，近墨者黑"，这些孩子也无法从朋友那里获得关于科学的知识和信息。这种社会关系的影响可能还不限于线下。网络新媒体提供了许多趣缘型社区，人们往往会选择符合自己兴趣的线上社区。如果科学不是一个人的兴趣所在，那么他/她大概率不会选择科学类的线上社区，这也就断绝了其通过线上弱连接补充科学知识的可能。长此以往，便形成了一个恶性循环：越不了解科学，越对科学没兴趣，越觉得学习科学很难；越觉得学习科学很难，越对科学没兴趣，就越不了解科学了。

  除了兴趣外，使用沟还涉及个体使用媒体的技能。社会经济地位较低的群体受制于教育程度和收入水平，可能缺乏关于新媒体的知识和技能，这导致他们无法有效使用新媒体来获取有效信息。这一点在科学传播领域中尤为突出。在信息爆炸的今天，获取科学信息看似容易，但如何在庞杂的信息中遴选出正确的信息、如何识别虚假信息、如何在有需要时快速找

---

[1] McPherson M, Smith-Lovin L, Cook J M, "Birds of a feather: Homophily in social networks," *Annual Review of Sociology*, 2001, 27(1): 415-444.

到能帮助自己解决问题的信息……这些技能的获得并不容易。而社会经济地位较低的群体则可能缺乏这方面的技能，这就导致他们在使用媒体获取科学知识上处于劣势。

## 三 效果沟

第三种形式的数字鸿沟是效果沟。学者们关注新媒体的使用对个人认知、态度、观念和行为等的影响，特别是在不同社会阶层之间这些影响是否存在差异。这部分研究与对知识鸿沟的研究有所重叠，因为许多效果沟研究均聚焦于个体层面的知识水平。经典的效果沟研究关注不同社会阶层在政治和公共事务方面的知识水平，但近年来的效果沟研究逐渐拓展到健康、环境、生命科学、新媒体技术和算法等领域。

学者们不仅关注认知水平，更关注不同阶层的观念、态度和行为。在这一系列的研究中，学者们发现了一个规律，即效果沟似乎是使用沟的结果，正是媒体的不同立场，塑造了人们在同一议题上的不同观念、态度和行为。曾有研究发现，美国人对同性婚姻的不同看法源于他们在媒体选择上的差异：选择亲民主党媒体的人对同性婚姻的看法更宽容，而选择亲共和党媒体的人对同性婚姻的看法则更保守。[1] 因此，正是由于不同阶层的群体对科学感兴趣的程度不同，他们通过新媒体获取的信息也不同，他们对科学的认知、态度以及针对具体科学议题所采取的行为均呈现较大的差异。

---

[1] Diercks D, Landreville K D, "The indirect effects of partisanship and partisan media on knowledge about same-sex marriage policy: Exploring the knowledge and belief gap hypotheses," *Mass Communication and Society*, 2017, 20(2): 192−212.

## 第三节
# 缩小知识鸿沟和数字鸿沟

一部人类科学技术发展史，也是一部关于知识鸿沟和数字鸿沟的历史。人们在享受科学技术带来的便利的同时，也在思考如何缩小由社会经济地位差距而导致的知识鸿沟和数字鸿沟。迄今为止，人类已经探索出了至少两条实现"知识大同"和"技术大同"的路径。

### 一 路径一：扶贫

第一条路径是扶贫，即给经济欠发达的地区和社会经济地位较低的群体提供技术、设备和基础设施上的支援。这条路径在现实中已得到广泛的实践，也取得了比较明显的成效。如本章第二节所述，虽然不能说接入沟已经完全消失，但在世界范围内，不同社会阶层之间在媒体和技术占有上的差距已经大大缩小。

除了物质层面的扶贫，更重要的是对社会经济地位较低的群体进行知识和技能方面的扶贫。现实中，这方面的例证数不胜数。虽然知识扶贫和技能扶贫取得了一定的成效，但正如我们在本章第一节中讲到的，某个议题上的知识鸿沟虽然能被缩小甚至被填平，但从更宏观的知识图景的角度看，知识鸿沟可能永远都存在。

笔者近年来的研究从另一个角度说明了缩小知识鸿沟和数字鸿沟过程中的困难。扶贫从本质上而言是向弱势群体提供社会支持，包括在知识和技能上的扶贫即提供信息支持，在物质层面的扶贫即提供工具性支持，给弱势群体进行情绪疏导即情感支持。但是，笔者的研究却发现，向弱势群体提供社会支持，其效果在不同社会经济地位的人群中存在一定的差异。通过一项在广东省进行的问卷调查，笔者研究了不同类型的社会支持对降低肺结核防治的行动障碍的影响。结果显示，虽然信息支持和工具性支持能分别降低肺结核防治的认知障碍和工具性障碍，但这些效果在城市居民和受教育水平高的人群中更为明显。[1]无独有偶，另一项在广东省某地公务员群体中进行的问卷调查结果中也呈现了相同的趋势。虽然向公务员提供社会支持能降低他们的工作压力，但这个效果在管理人员群体中更明显，而在普通工作人员中，则效果偏弱甚至没有效果。[2]

基于以上研究，笔者提出了"社会支持沟"的概念。笔者认为，存在两种社会支持沟：第一种可被称为社会支持获取沟。社会学研究发现，社会经济地位较高的群体在其社会网络的构成上有一个特征，即他们有更多的机会结识与自己身份、地位或价值观不同的人。这种异质性的网络更有可能帮他们链接到自己平常接触不到的社会资源，能为他们提供的社会支持也就更多。此外，由于社会经济地位较高的群体一般还具有更高的媒介素养，因此他们更有可能通过新媒体获取更多的社会支持。第二种可被称为社会支持效果沟。在本章中，我们反复强调，社会经济地位高的群体能从媒体中获得更多的知识，所以向他们提供信息支持能令他们获得更高层次的知识水平。然而，获得社会支持并不是没有代价的。获得情感支持，表明接受情感慰藉的人是脆弱的、受到情绪或心理问题困扰的；获得工具性支持，表明接受工具性支持的人是贫穷的、无法独立解决自己或家人生计问题的。因此，接受社会支持会伴随着一定程度的心理负担和精神压力。同时，获得了工具性支持，接受方也需要在将来付出同等程度的回馈。所以，接受工具性支持还意味着物质层面

---

[1] Rui J R, Du Y, "The more the better? The relationship between social support and perceived barriers to tuberculosis treatment across groups of different socioeconomic statuses in China," *Patient Education and Counseling*, 2023, 115: 107874.

[2] Gan L, Chen J, Rui J, Wang S, "Useful but unequal: How the moderation effect of social support on the stressor-burnout relationship varies across different occupational levels of Chinese civil servants," *Paper presented at the 108$^{th}$ Annual Convention of National Communication Association*, 2022.

的额外负担。这些负担和压力会令社会支持的效果打折。显然，社会经济地位高的群体拥有更强的自信心和更殷实的物质条件，这会降低他们接受情感支持和工具性支持时的负面效果，也就会提升他们获得这两种社会支持的效果。正是社会支持沟的存在，才使得通过扶贫缩小知识鸿沟和数字鸿沟尤为艰难。甚至，如果社会经济地位较低的群体从社会支持中获利较少，就更违背了扶贫的初衷。

## 二 路径二：家庭传播

综上所述，通过扶贫缩小数字鸿沟和知识鸿沟不但可能无效，甚至可能出现反效果。因此，第二条缩小知识鸿沟和数字鸿沟的路径将解决问题的角度转向了家庭内部，试图通过家庭传播解决这个问题。提出这个思路的一位代表人物是深圳大学学者周裕琼教授。她的一系列研究发现，年轻人正在向父母、祖父母进行"数字反哺"。[①] 例如，他们会为长辈购买智能手机，教他们如何使用智能手机，将一些与新媒体相关的信息（如在网络中广泛传播的短语、句子或现象）告诉他们。

与强调子代教育者身份的数字反哺相反，笔者的另一项研究将缩小数字鸿沟的重点放在了年轻父母身上。在一项针对全国大学生的问卷调查中，笔者发现，父母的阅读习惯会对孩子产生潜移默化的影响，甚至在孩子进入大学后也会影响他们在微信阅读上的阅读动机和选择信息的类型。[②] 因此，年轻父母的示范作用或许是缩小数字鸿沟的关键。

无论是数字反哺还是年轻父母的示范作用，都将缩小乃至消弭知识鸿沟和数字鸿沟的重点放在了微观层面，放在了人类最小单元的社会群体——家庭上。学者们认为，家庭内部的沟通交流、相互指导与相互学习可以缩小知识鸿沟和数字鸿沟，将此推广到社区乃至全社会，就有可能实

---

① 参见周裕琼《数字弱势群体的崛起：老年人微信采纳与使用影响因素研究》，载《新闻与传播研究》2018年第25期，第66-86、127-128页。

② 参见芮牮、陈宏亮《社会资源差异还是父母示范影响？——大学生微信阅读的数字鸿沟研究》，载《新闻记者》2020年第5期，第50-59页。

现"知识大同"和"技术大同"。虽然从理论上看，这条路径是可行并有可取之处的，但目前的研究大多采取横截面数据，缺少纵贯性研究，所以很难评估这条路径的长期效果。同时，目前关于这条路径的研究还缺少策略层面的实证研究。换言之，我们并不知道应该采取怎样的家庭传播策略才能在缩小知识鸿沟和数字鸿沟上获得最佳效果。另外，我们不得不承认的一点是，与扶贫相比，通过家庭传播缩小知识鸿沟和数字鸿沟似乎是一条耗时相对较久、几乎很难出现立竿见影效果的路径。因此，虽然我们为这条路径的潜力感到欣慰，但我们也必须对其实际效果特别是长期效果保持审慎的态度。

行文至此，我们已经梳理了有关知识鸿沟和数字鸿沟的研究，对这两个现象出现的原因和解决问题的思路进行了详细的阐述。回到本章刚开始时提出的那个问题：为什么不能保证每一个人都能从科学传播的信息和活动中获取同等的知识水平？由于接入沟的存在，社会经济地位较低的群体难以拥有更快捷、更高效获取更优质的信息的渠道；由于使用沟的存在，社会经济地位较低的群体对科学相对不感兴趣，从而不愿意通过媒体获取科学知识；由于社会网络的差异，社会经济地位较低的群体难以通过人际传播获得额外的科学知识；由于社会支持沟的存在，即便对社会经济地位较低的群体进行信息技术和科学素养扶贫，他们的获利也是有限的。正因为上述障碍，即使我们能确保媒体向公众传播的都是准确无误的信息，某些受众也难以获取充分的信息，或者难以充分理解已经获取的信息。一方面，我们似乎要接受一个令人沮丧的事实，那就是知识鸿沟和数字鸿沟可能是永久存在的，而且似乎很难有破局的方法；但另一方面，我们也必须积极探索缩小知识鸿沟和数字鸿沟的方法，例如孜孜不倦地向弱势群体进行科学传播。也许，不断地将滚下山的石头艰难地向山上推，并期待有一天石头能在山顶上再也不滚落下去，这种坚忍不拔的品质才是我们人类所要追求的。

### 本章思考题

1. 有人认为，从知识鸿沟和数字鸿沟的角度看，提升科学兴趣是科学传播最重要的目标。你对这个观点有什么看法？

2. 衡量社会经济地位的指标一般包括教育、收入、职业等。除了这些因素外，你觉得还有哪些与个体身份背景相关的变量会影响个体的科学素养或其对某些科学议题的态度？

# 第六章

# 科学传播中的使用与满足理论

市里新开了一家科学馆。到了周末,阿蓉想,可以带孩子去科学馆逛逛。一方面,市里大多数公园、商场和景点都去过了,的确也没什么地方可去了;另一方面,阿蓉觉得,科学馆毕竟是做科普的,孩子可以学到许多知识。"甭管他能学多少,哪怕只能学到一丁点,对孩子的成长也是有帮助的吧。"抱着这样的想法,阿蓉带着孩子去了科学馆。到了科学馆,孩子开心地蹦蹦跳跳。整整一个下午,阿蓉跟在孩子后面累得够呛。到了闭馆时间,阿蓉带着兴致勃勃的孩子走出科学馆,她问孩子今天都学到了什么。孩子想了半天,却什么也说不出来。阿蓉顿时觉得,这趟教育之旅白来了。

事实上,阿蓉的故事并非个例,而是困扰科学家、科普媒体工作者、教师、家长等的普遍问题。为什么建了这么多科普馆、博物馆,公众的科学素养似乎没有得到明显提高?为什么写了那么多科普推文、举办了那么多场科普讲座,公众对一些虚假信息依然趋之若鹜?为什么在科学传播中,传播者和接受者似乎总在自说自话、鸡同鸭讲?要想理解这些问题,恐怕先要理解当代社会的媒介规律和受众的认知规律。

## / 第一节 /
## 公众使用媒体的动机

进入20世纪，人类社会开始步入大众传播时代。科学信息借助媒体，开始向全社会广泛传播。时至今日，大众媒体、网络新媒体已经占领人们日常生活的每个角落，成为人们获取信息的最主要的渠道。换言之，人们从媒体上获得科学信息，就像获取政治新闻、娱乐八卦一样。

那么，人们为什么使用媒体呢？最初，传播学者们并不认为这是一个值得研究的问题。因为他们认为人们只是被动地从媒体上接受信息，媒体告诉他们什么，他们就相信什么，所以在媒体使用的问题上不存在人的主观能动性，这种观点被称为媒介的"魔弹论"。但二战以后，学者们开始反思"魔弹论"的思想，提出了"有限效果论"，即媒体对公众的影响是有限的，其中一个重要的制约因素就是人的因素。于是，1973年，以卡茨（Katz）为代表的三位美国学者提出了使用与满足理论（uses and gratifications theory）。[1]

使用与满足理论脱胎于马斯洛的需求理论。它同样认为，人类有需求需要被满足。与马斯洛的需求理论不同，使用与满足理论将视角聚焦在媒体的使用上。使用与满足理论强调，满足需求的方法多种多样，使用媒体便是其中一种方法。因此，需求激发了人们使用媒体的动机，使用动机影响了使用行为。最后，受众会根据自己的使用体验评价媒体，特别是评价某个媒体是否能满足某种特定的需求，再根据这种评价调整他们对媒体

---

[1] Katz E, Blumler J G, Gurevitch M, "Uses and gratifications research," *The Public Opinion Quarterly*, 1973, 37: 509−523.

的期待。这样一来，当下次再有类似的需求时，人们会根据经验决定使用哪种媒体。因此，使用与满足理论就形成了一条从需求到使用的逻辑闭环（见图6-1）。

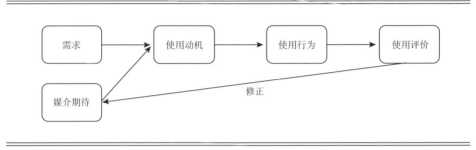

图6-1 使用与满足理论的逻辑链条

那么，公众有哪些使用媒体的动机呢？围绕这个问题，不同学者提出了不同的使用动机。早在大众媒体时代，学者们就对此争论不休。进入20世纪10年代以后，有关这个问题的争论愈演愈烈。有的学者认为，由于网络新媒体与大众媒体截然不同的媒介技术，原来根据大众媒体提出的媒体使用动机列表不再适用于新的媒介技术环境。于是，他们开始尝试从网络新媒体的技术特征出发，提出全新的媒体使用动机。也有的学者认为，不管媒介技术环境如何改变，人们使用媒体的动机依旧是由人类的需求激发的，而人类的需求在大体上是固定不变的，所以，即使可能存在一些新的媒介使用动机，也可将它们归到固有的使用动机的大类之下，只不过网络新媒体的出现可能会将原本的一些使用动机划分得更细。鉴于本书的主题，我们不再针对这一问题展开讨论，仅罗列那些对大众媒体和网络新媒体普遍适用的媒体使用动机。综合归纳起来，人们使用媒体的动机大致可以分为获取信息、社交互动、娱乐放松、逃避现实四种。

公众使用媒体的上述动机与科学传播的目标并不匹配。在本书第一章中，我们讲到科学传播的目标。归纳起来，这些目标可以分为三个层面：一是兴趣层面，科学传播意在培养公众对科学的兴趣；二是教育层面，意在传播知识、提高大家的科学知识水平、改变人们对具体科学议题的态度；三是运用层面，意在让大家都能按照科学的指引生活，并敦促社会上的其他机构也能做到科学决策。这些目标的实现，都需要依赖科学信息的传播。但科学信息与一般信息相比，具有一些特殊性。首先，阅读和理解科学信息需要公众具有一定的文化水平甚至某些专业背景。其次，由于科学信息具有较强的逻辑性和专业性，在阅读和理解科学信息时，人们也需要集中注意力。再次，科学信息的娱乐性不强。科学知识是科学信息的主要组成部分，所以它并不像许多信息那样能让人感到轻松愉快。最后，与第二点相关的是，科学信息具有强烈的教育属性。事实上，科学传播的这些目标均需要通过对大众进行科学教育来实现。从这个意义上说，科学传播的确与科普高度相似，因为两者都是面向大众进行科学教育。

由此可见，在上述四种使用媒体的动机中，只有获取信息与科学传播的教育属性相关。也就是说，科学传播的种种目标只能通过教育公众实现，但似乎只有当人们使用媒体是为了获取信息时，这个目标才有可能实现。这说明，科学传播的教育属性与公众使用媒体的目标在很大程度上并不匹配。

如果简单的"动机—目标"匹配尚不能说明这个问题，我们还可以更深入地考察在网络新媒体环境中公众使用媒体的特殊性。在本书第二章中，我们提到了一个"新闻找人"（news finds me）的观点，即在网络新媒体时代，人们较少主动搜索新闻，而是平台根据掌握的用户数据制定算法并向用户推送他们感兴趣的新闻。其实，如果将科学信息和新闻都看成是网络新媒体平台向公众提供的一种资讯，那么不仅是新闻在找人，就连科学信息也在找人。这就意味着，现在，人们并不是在"搜索"科学信息，更可能的情况是他们"看到了"推送到他们面前的科学信息。

从这个角度看，获取信息可能并不是人们使用媒体的主要动机。或者说，通过媒体主动搜索信息可能并不是人们使用媒体的常态。许多学者都认为，目前人类社会已经步入媒介化（mediatization）社会的时代。在媒介化社会，媒体不仅是信息传播的渠道，还是整个社会运转的基础设施。例如，离开媒体，大多数人可能不知道世界发生了什么；离开媒体，政府可能不知道民意如何。因此，在当代社会，媒体成为确保社会正常运转的工具之一。

在这样一个媒介化社会中，人们每天使用媒体已不再是为了某种明确的目标，而是一种惯性使然。使用媒体已经成为人们日常生活中不可缺少的部分，甚至是日常生活中的一种仪式。既然是仪式，就意味着在大多数情况下，人们在使用媒体时是无意识、无目标的。如果一定要说有什么目标或动机，最可能的是打发时间。这种动机与科学传播对民众进行科学教育的做法显然是背道而驰的。

## / 第二节 /
## 公众理解媒体信息的规律

1985年，美国学者尼尔·波兹曼（Neil Postman）出版了他的著作《娱乐至死》。这本书的核心观点是，大众媒体重新塑造了人类信息传播、舆论环境乃至文明发展的历史。[1] 在进入大众传播时代之前，人们以严肃的态度对待信息，认为信息的内容是最重要的，而不会关注信息是以何种方式（如文字、图片）传播的。人们在阅读信息时秉持着理性的态度，在讨论信息时注重辩论的内容和逻辑，最终，理性的舆论环境得以形成，人类的知识和文明得以传承。

进入大众传播时代后，由于媒体技术的影响，信息形式的重要性似乎超过了信息的内容。随着电视成为主要的传播媒介，大量信息不再是以文字的形式向公众传播，而是通过视觉、听觉符号向公众传播。波兹曼认为，在视听符号的包装下，人们的注意力转移到信息的形式上，反而不再关注信息的内容。因此，人们更津津乐道于能为他们带来强烈感官刺激的媒介形式，并沉醉于由此带来的欢愉、刺激、紧张等娱乐性情绪中。这种信息阅读方式对舆论环境也产生了影响。从前，公共舆论的形成建立在人们对内容理性的讨论和辩驳的基础上，政治家的影响力源于其知识和观点。现在，人们不再那么关心信息的内容，只像追捧明星一样追捧政治家，所以政治家的首要目标不是将理性的声音传递给民众，而是通过个人形象、语言等展示个人魅力，争取民众的喜爱。如果舆论环境不再充斥着理性的声

---

[1] Postman N, *Amusing Ourselves to Death: Public Discourse in the Age of Show Business*, New York: Viking Penguin, 1985.

音，而是上演着一场大型娱乐真人秀，这显然会对知识和文明的传承产生不利影响。

虽然波兹曼的观点源于大众媒体时代，但网络新媒体的普及加深了媒介技术的这种影响。在本书第二章中，我们提到，网络新媒体凭借更强烈的感官刺激、形式更多样的互动，给受众带来了卷入度更强的使用体验。按照波兹曼的观点，公众会将更多的注意力和认知资源放在信息形式而非信息内容上。这意味着，我们无法通过媒体对公众进行有效的科学教育，公众不能专心阅读、认真理解媒体传播的科学信息。

波兹曼的学说对理解当代社会中的公众与媒体之间的关系具有很强的启发性。但是，如果仔细研究人类传播史，我们会发现，每当一种新的媒介形态或媒介技术出现时，人们都会表达对知识和文明传承的担忧。例如，苏格拉底认为文字会对人类文明产生威胁，因为文字只能依靠纸上的单词、句子表达含义，但人类交流中的许多含义是通过表情、身体语言表达的，并需要结合所处的具体环境才能真正理解。

更重要的是，许多实证研究的结果也并不完全支持波兹曼的判断。这些研究发现，大脑并不会将娱乐和教育严格对立起来。相反，在"娱乐至死"的时代，以娱乐形式包装过的信息更容易吸引公众的注意，更容易被公众记住，也更容易被公众理解并转化为实际行动。这些研究甚至在现实生活中都能找到实例。比如，最开始是面向儿童、以娱乐化的形式进行学前教育的节目《芝麻街》。接下来，电视剧也能对公众进行思想观念和行为层面的教育。墨西哥电视剧 *Simplemente Maria* 曾引发了上夜校的风潮；南非电视剧 *Soul City* 曾引起南非民众关于家庭暴力的大讨论，并直接推动了反家暴组织的形成。[①] 近十年来，西方国家的许多政治脱口秀也因其表演中诙谐的调侃和辛辣的讽刺引起了观众的注意，增进了观众对政治的关注与思考。这些研究似乎在说明一个道理：在当前媒介环境中，对公众而言，娱乐和教育并非只能二选一。如果我们不能有效地进行科学传播，那么我们责怪的对象不应该是使人堕落的媒体以及变得懒惰的受众，因为受众对媒介信息解读的规律（简称"受众的认知规律"）可能决定了科学传播也

---

① Singhal A, Rogers E M, *Entertainment-Education: A Communication Strategy for Social Change*, Mahwah: Lawrence Erlbaum Associates, 1999.

需要形式上和内容上的创新。接下来，我们将向大家介绍五个模型及理论，帮助大家更好地把握受众的认知规律。

## 一 精细加工可能性模型

有人曾提出这么一种说法：当代社会的困境不是没有信息，而是信息太多。在这个信息爆炸的时代，大脑怎样替我们选择信息？精细加工可能性模型（elaboration likelihood model）认为，人的认知能力是有限的，而我们身处信息过载的环境中，所以大脑必须对信息做出甄别，针对不同信息采取不同的处理方式。

精细加工可能性模型认为大脑有两种信息处理方式——中心化路径和外围性路径：前者依靠证据、逻辑推演、观点、价值立场等对信息质量进行判断，而后者则依靠表征性线索判断信息质量（如信源、发布平台、发布人）。经过中心化路径处理的信息比经过外围性路径处理的信息能对人产生更大的影响，因为一旦经过中心化路径处理，人们对信息的记忆将会更深刻，人们也更容易接受其观点。所以，理想的状态是公众都能通过中心化路径处理信息。

但是，使用中心化路径比外围性路径耗费的精力更多。毕竟人们分析、处理信息的依据是证据是否充分、逻辑是否严密、观点是否自相矛盾等，这就需要人们集中注意力，认真阅读和分析信息。相比之下，使用外围性路径不需要占用这么多认知资源。例如，当你选择相信一条关于医疗保健的信息时，可能是因为这是某个专家推荐的，但是仔细想想，难道专家就不会犯错吗？又如，许多人选择相信主流媒体推荐的保健产品，因为他们相信主流媒体的专业能力和职业道德，但是仔细想想，难道主流媒体就没有甄别失误的时候吗？然而，绝大多数人往往不会去仔细想想，因为使用外围性路径太省事了。

不过，人们也不是永远依赖外围性路径来分析信息的。精细加工可能性模型总结了四个影响信息处理模式选择的因素——时间、环境、能力和动机。时间越急迫，人们越倾向于选择外围性路径，因为这样更省事；外部环境中干扰因素越多，人们越无法集中注意力，于是只能选择外围性路径；搜索、分析信息的能力越弱的人，也越倾向于选择外围性路径，因为外围性路径不需要审慎的思考、强有力的证据、严谨的逻辑推演。这三个影响因素的作用都是显而易见的，那么动机是如何影响信息处理模式的呢？

精细加工可能性模型认为，议题卷入度是影响动机的关键变量。所谓议题卷入度，即个体认为某件事在多大程度上与自己相关，会影响自己的利益。[1]某些议题会比另一些议题拥有更高程度的议题卷入度。例如，食品安全牵涉到广大公众的利益，而宠物殡葬只与养宠物的人相关，显然前者的议题卷入度就会高于后者。再者，人们的群体身份也会影响其对议题卷入度的判断。例如，预制菜进校园的问题，对在读学生的家长而言是利益相关的，但对无子女的人来说显然就不太重要。

最关键的一点是，议题卷入度本质上是一种主观判断。既然是主观判断，就意味着信息的内容和表现形式都可能会改变受众对议题卷入度的判断。由于科学信息复杂的原理和影响机制，普通人一般无法理解个中关键，因此觉得其与自己无关。由此可见，科学传播的一个重要任务就是让受众明白，某条信息中涉及的议题是与受众自己的利益休戚相关的，而这些都可以通过设计信息内容和表现形式来实现。关于这一点，我们将在本书第七章详细阐述。

由议题卷入度的重要性我们不难得出第一个受众的认知规律——"我只在乎与我相关的内容"。受众之所以会对某些科学传播的信息漠不关心，是因为他们觉得这些信息与自己无关。这或许是因为信息内容没有突出其与目标受众的关联性，或许是因为这些信息没有在信息最开始的部分（标题或开头）提及其与公众利益的关系，又或许是因为公众就是单纯觉得某些事不会影响到自己。

## 二 动机中介消息处理的有限容量模型

与精细加工可能性模型相同，动机中介消息处理的有限容量模型（the limited capacity model of motivated mediated message processing）也认为大脑对信息的处理能力是有限的。因此，当信息过载时，大脑会对信息进行筛选，

---

[1] Petty R E, Cacioppo J T, *Communication and Persuasion: Central and Peripheral Routes to Attitude Change*, New York: Springer-Verlag, 1986.

优先选择关注一些信息，忽视另一些信息。那么，大脑会优先关注什么样的信息呢？

如果说精细加工可能性模型仍然认为人在分析信息时是理性的，动机中介消息处理的有限容量模型则更关注人的动物性本能。该模型认为，人的本性是贪图享乐，所以在日常生活的绝大多数场景中，大脑优先关注能让我们觉得快乐的内容。在长期的进化过程中，大脑将快乐与两件东西——食物和性建立起了联系。许多广告正是利用了人的这种本能。例如，许多食品广告会着重展现人吃食物的镜头，突出他们享受食物的表情。这种镜头会触发人们对美食的记忆，激发他们快乐的回忆。[①] 所以，这种镜头不仅能吸引受众的注意，还能刺激他们的消费欲望。

即使传统宗教和道德观念始终认为暴饮暴食和好色是错误、堕落的，但这也无法打消人们对食物和性的喜爱。例如，美国知名快餐连锁店 Hooters 就是以专门招聘身材热辣的女服务员著称，甚至曾有男子想去那里当服务员被拒绝而起诉 Hooters 性别歧视。又如，有一些地方兴起了男模餐厅，让男模为顾客服务。这些都是在营销中利用人们对性和食物的喜爱的实例。实证研究表明，高热量高糖食品广告中同时使用性元素和食物元素会抑制彼此对消费者的影响。[②] 但是，从广告营销的角度看，特别是考虑到广告只要能让观众记住就是成功，即便同时使用性元素和食物元素会抑制彼此的作用，但总体而言，广告商的目的依然达到了。

不过，动机中介消息处理的有限容量模型并没有将关注的焦点全部放在人类贪图享乐的本能上。该模型认为，人类长期的进化历程已经训练出人类对风险的警惕心，所以人类生来便对可能会威胁到自己的信息保持警惕。当人们认为环境中出现了可能会威胁到自身安全的信号时，就会把注意力暂时从吃喝玩乐上转移到风险信号上，开始关注这些风险信息。需要注意的是，精细加工可能性模型认为，能吸引公众注意力的是与他们利益

---

① Krishna A, Elder R S, "A review of the cognitive and sensory cues impacting taste perceptions and consumption," *Consumer Psychology Review*, 2021, 4(1): 121–134.

② Bailey R L, Liu J, Wang T, "Primary biological motivators in food advertisements: Energy density and sexual appeals compete for appetitive motivational activation," *Communication Research*, 2018, 48(3): 379–400.

相关的信息，这种信息只强调了其与公众的相关性；而动机中介消息处理的有限容量模型则认为，能吸引公众注意力的是可能会威胁到他们安全的信息，这是一种与公众相关的风险信息。

综上所述，根据动机中介消息处理的有限容量模型，我们可以得出第二个受众的认知规律——"我追求快乐，只有那些性命攸关的内容才会让我暂停追求快乐"。回到本章一开始提出的那个问题——为什么受众会对某些科学传播的信息漠不关心？因为他们觉得这些信息既无趣乏味，又不会对自己的安全产生威胁。

## 三 社会判断理论

动机中介消息处理的有限容量理论致力于回答什么样的信息会吸引公众的注意力这一问题，但吸引公众注意力只是第一步。接下来，公众还要阅读、分析信息。社会判断理论（social judgment theory）把人们对某件事情的态度界定为一个连续的光谱，从坚决反对到完全赞同。人们已有的态度和认知在这个光谱上的一点被称为锚点。在锚点周围形成了一个"同意区"，如果一条信息传递出来的观点正好在这个"同意区"里，人们就会同意这条信息的内容；在这个区域之外便是"反对区"，如果一条信息传递出来的观点正好在"反对区"里，人们就不会赞同这条信息的内容（见图6-2）。

同时，社会判断理论认为，"同意区"和"反对区"的大小是受多种因素影响的。例如，一个人在某件事上的态度非常坚决，其"同意区"可能就比较小；但一个人如果觉得这件事与自己关系不大，则有可能对不同的观点比较宽容，其"同意区"可能就比较大。

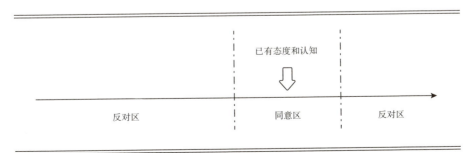

图6-2　社会判断理论

在众多涉及受众的认知规律的理论中，社会判断理论是个异类。因为绝大多数理论都会强调信息对公众观念的改造作用，许多理论甚至将这一改造的过程视为类似于"刺激—反应"的过程，但社会判断理论却直接挑明了这些理论在前提条件上存在一个漏洞，即公众在接触信息之前可能就已经形成了自己的观念。所以，信息对公众观念的改造是有限的。再结合选择性接触的概念来看，当人们发觉某条信息所表达的立场与自己的立场不同时，他们可能会直接拒绝接触这条信息。

在生活中可以找到许多关于社会判断理论的实例，特别是当相关信息有可能会挑战甚至威胁个人身份、价值观和政治立场时。例如，在当前社会中，长期存在中医的支持者和中医的反对者。向其中任何一方提供另一方的观点和信息，都会招致人们的反感，不但不能说服对方，反而会引来骂战。这是因为，中国的教育长期坚持弘扬优秀传统文化，提升民族自豪感和自尊心。这导致对传统文化的坚持已经成为很多国人自我认知、自我意识的一部分。而中医的反对者的立场则挑战了长久以来的认知惯性。

随着算法技术的发展，算法推送已成为主宰当前网络新媒体运作的主要方式。而算法推送的基本逻辑是根据用户行为数据，向他们推送他们喜欢的、符合他们价值观念的信息。这就使得人们越来越陷入由算法所织就的"信息茧房"中，其固有的认知、信念和价值观越来越被强化。同时，人们也只能链接到与自己观念一致的个人和群体。正如本书第二章所说的，在网络新媒体的加持下，整个社会呈现越来越部落化的特征。

综上所述，根据社会判断理论，我们可以得出第三个受众的认知规律——"我只相信我愿意相信的"。所以，为什么受众会对某些科学传播的信息漠不关心？因为一些人不愿意接触他们不认同的东西。或许我们只能承认一个现实：通过科学传播改变所有人并不现实，因为并不是所有人都能被改变。对于本来就认同科学的人，即使我们不对他们进行更多的科学教育，他们也会主动搜索科学信息、认真学习科学信息，并按照科学规律做事；而对于本来就不认同科学的人，我们对他们进行再多的科学教育可能也没有效用，由于算法和自身的好恶，这些科学信息甚至都不一定会触及他们。

## 四 心理阻抗理论

如前所述,科学传播的目标均需要经由对公众进行科学信息教育来实现。但从本质上来讲,教育是一场针对人在技术、知识、信念和价值观等层面的改造。既然是改造,就意味着接受教育的公众可能要接受与自己价值观和认知不同,甚至完全相悖的知识和理念。这可能会使他们感到自己的自由受到了限制。

在强调个人主义的西方国家,自由意志和独立自主被认为是人的根本需求和基本权利。所以,当人们觉得自己的自主权被侵犯时,便会产生逆反心理,这被称为心理阻抗,由此产生了心理阻抗理论(psychological reactance theory)。在东亚国家,虽然长期宣扬集体主义,但按照自己的想法无拘无束、不受干涉地行事,是每个人都向往的生活方式。近几十年来,随着互联网的发展和国际交流日益频繁,西方的价值观也越来越被东亚国家的年轻人所接受。因此,许多在东亚国家进行的实证研究也发现了自由意志和心理阻抗的证据。

如果我们将教育看成是一场认知层面的改造,则任何改造在本质上都会侵犯个体的自主权。因此,通过科学传播对民众进行科学教育本身就存在引发心理阻抗的风险。再结合社会判断理论来看,如果目标受众抱持的观念与科学信息所要传达的观念相违背,这就更容易引发受众的心理阻抗,造成他们在观念、情绪和行为上的反弹。

虽然所有的科学传播都有引发心理阻抗的风险,但心理阻抗更有可能出现在某些群体中。相关研究发现,年轻人更容易对教育和说服产生抵触情绪,从而产生心理阻抗。[1] 考虑到网络新媒体的最主要用户群体是年轻人,在许多线上社区中都能看到对好为人师的言行的鞭挞和讽刺,也就不足为奇了。

此外,某些信息内容、语言和设计还会引发更强程度的心理阻抗。这

---

[1] Hong S M, Giannakopoulos E, Laing D, et al.," Psychological reactance: Effects of age and gender," *Journal of Social Psychology*, 1994, 134: 223-228.

些诱发心理阻抗的信息因素包括强制性语言、羞辱性语言、道德绑架。① 再者，信息本身可能会触发一些负面情绪，包括内疚、恐惧、焦虑，这些情绪都有可能会引起心理阻抗。② 同时，某些媒体内容的结构性设计也容易诱发心理阻抗。例如，常规的戒烟宣传片都会先展示一个抽烟的人，然后在宣传片中打出类似"吸烟有害健康"的字样。但是，一项研究表明，这种内容结构容易引发烟民的心理阻抗。这是因为，吸烟的画面会唤起烟民关于抽烟体验的回忆。对于烟民而言，抽烟当然是一种很享受的体验。所以，当他们正沉浸在这种享受中时，突然告诉他们吸烟有害健康，自然会引发他们强烈的不满。③

综上所述，根据心理阻抗理论，我们可以得出第四个受众的认知规律——"我不喜欢被人指手画脚"。所以，为什么受众不接受某些科学信息？因为人们不希望在上网"冲浪"时还被人说教。在网上，人们可以不用克制自己对说教的厌烦，直接把不喜欢看的内容划走就行了。

## 五 社会认同原则

美国心理学家罗伯特·西奥蒂尼（Robert Cialdini）提出了许多说服原则，其中一条被称为社会认同原则（the principle of social proof）。西奥蒂尼认为，我们每个人都有从众心理，所以我们经常会和绝大多数人保持一致。这种心理经常被用于说服场景。例如，我们去买衣服时，导购员经常会说，"这是今年的新品，许多人都买"；我们在买房时，销售员经常会说，"这个户型很抢手的，已经卖出去10套了，今天上午还有一个人买了"。这些说服话术都是运用社会认同原则的具体例子。

那么，为什么我们不愿意做个特立独行的人，而非要跟随大多数人做

---

① Reynolds-Tylus T, "Psychological reactance and persuasive health communication: A review of the literature," *Frontiers in Communication*, 2019, 4: 56.

② Reinhart A M, Marshall H M, Feeley T H, et al., "The persuasive effects of message framing in organ donation: The mediating role of psychological reactance," *Communication Monographs*, 2007, 74(2): 229-255.

③ Clayton R B, Lang A, Leshner G, et al., "Who fights, who flees? An integration of the LC4MP and psychological reactance theory," *Media Psychology*, 2019, 22(4): 545-571.

决定呢？首先，这是一种节省时间和精力的决策方法。生活中有许多时候需要我们做出决定，但大多数决定不会对我们产生致命的影响。这时候，我们就不想花太多时间和精力去思考、辨别信息，只想快速做个决定，因为即使决定错了，对我们的影响也不会太大。此外，我们还在潜意识里认为，大多数人做出的决定大概率不会是错的，因为总不至于那么多人里面一个明白人都没有。即使是错了，这么多人都会蒙受损失，那倒霉的也不是自己一个。换言之，我们会认为如果我们和大多数人保持一致，就有许多人跟我们一起分担风险。所以，从众其实是一种风险共担、降低个人风险的选择。

如果考虑到我们使用媒体的日常情境，就不难理解社会认同原则为什么在我们阅读、理解信息时会发挥这么重要的作用了。前面说过，现在许多时候我们使用媒体都是一种日常的、仪式化的、无意识的行为。这就决定了我们在使用媒体时，在大多情况下，不会采用中心化路径分析信息。既然外围性路径主导了我们对信息的分析，大多数人的选择就会对我们产生重要影响。更重要的是，当前的网络新媒体平台普遍采用算法，而某条信息的传播效果——能否获得许多点赞、能否被许多人转发、能否被许多人收藏，是算法编程中非常重要的一个环节。因此，某条信息是否能得到许多人的认可就决定了它是否会出现在其他用户的推荐页面。换言之，社会认同原则不仅直接影响了我们每个人的认知规律，更通过算法影响我们每个人对媒介信息的选择。综上所述，我们可以得出第五个受众的认知规律——"因为我懒得思考，所以我决定随大流"。所以，为什么受众不接受某些科学信息？也许是因为它太冷门了，没多少人关注，所以"我"也不想关注。

本章和第五章试图从受众的角度解释科学传播失败的原因。在第五章中，我们的观点是科学传播之所以会失败，是因为受众的社会经济地位阻止了他们获取有效的科学信息。而本章的观点是，受众使用媒体的动机和处理信息的规律是导致科学传播时信息的传者和受者常常自说自话的原因。概括起来，具体原因有两点。其一，受众使用媒体时并不总是有意识地要获取科学信息。很多时候，人们使用媒体的动机是娱乐、休闲、打发时间，而非学习。其二，受众在处理信息时有一套自己的认知、情感和行为逻辑，这导致许多客观、正确的信息因受众自身的局限被人们所排斥。因此,要想提高科学传播的效果,可能第一步就是了解科学传播过程中受众解读科学信息的心理机制。

### 本章思考题

1. 本章从受众心理的角度列举了一些科学传播失败的原因。除了这些原因,你认为还有哪些受众层面的原因?哪些原因是你或你身边的人在生活中亲身经历过的?

2. 尼尔·波兹曼的观点和娱乐化教育的观点似乎是相反的。你认为二者观点对立的原因是什么?你更认同哪个观点?

3. 科学传播的一大目标是激发公众对科学的兴趣。你认为公众对科学兴趣的来源有哪些?

# 第七章

# 风险信息传播

　　我们生活在一个风险频发的时代。每天，世界各地的自然灾害、公共卫生危机、工程事故、恶性犯罪、政治骚乱等各种新闻屡见不鲜。2022年，世界卫生组织宣布了奥密克戎和猴痘病毒在世界范围内的暴发与流行。同年，一些传染病在某些国家和地区也集中暴发，例如在乌干达暴发的埃博拉疫情，在大非洲之角和萨赫勒地区暴发的霍乱、黄热病、麻疹和疫苗衍生脊髓灰质炎病毒疫情。如果我们把目光从世界拉回到国内，2022年夏天，由全球气候变化导致的极端天气不断见诸新闻，由此引发的自然灾害也成为人们热议的重点。到了秋冬季节，流感和支原体感染又进入高发期。

　　事实上，风险伴随着人类历史的发展，整个人类历史可以说就是一部与风险共存、抗争的历史。在科学传播的过程中，风险也是一个不可回避的话题。随着人类社会步入工业社会，全球化的趋势日益加深，人类面临的风险越来越多，风险发生得越来越频繁、波及范围越来越广。德国社会学家乌尔里希·贝克（Ulrich Beck）认为，在进入工业社会以后，人类社会已呈现以风险为本质特征的社会形态，他将这种社会形态命名为"风险社会"。虽然趋利避害是人的本性，但风险也可能会对普及科学知识、促成行为改变产生正面的促进作用。那么，我们应当如何传播风险信息？应当如何设计风险信息的内容，并将其有效地传播出去呢？

/ 第一节 /
## 风险传播理论发展史

向公众传播风险信息、提高公众的风险意识、敦促公众践行风险防范的行为，一直是人类历史上一项重要的任务。风险是健康领域的关键词，大多数风险传播理论最先诞生于健康传播领域，再得以广泛应用于环境保护、安全生产、人身安全防卫等领域。因此，接下来我们关于风险传播理论的探讨也将主要集中在健康风险上。

### 一　恐惧诉求理论

最早的风险传播理论可以追溯到1953年美国学者贾尼斯（Janis）和费希巴赫（Feshbach）所做的恐惧诉求（fear appeal）实验。[1] 该实验的目标是推广保持口腔卫生的行为。在该实验中，200名被试被随机分配到四组中——高恐惧组、中恐惧组、低恐惧组、无恐惧组（对照组）。各组被试接触的信息都是关于口腔卫生的，区别在于这些信息对口腔卫生状况造成的危害程度不同。高恐惧组的信息中包含了牙齿脱落和牙龈疾病的图片，而中恐惧组的图片的恐怖程度略低，低恐惧组的信息是由演讲而非图片传递的，无恐惧组的信息则与口腔卫生无关。结果显示，人们虽然不喜欢高恐惧组的信息，但在态度上却最认可这种信息；落实到行为层面，高恐惧组的行为转化

---

[1] Janis I L, Feshbach S, "Effects of fear-arousing communications," *The Journal of Abnormal and Social Psychology*, 1953, 48(1): 78.

效果最差，而行为转化效果最佳的则是低恐惧组。这表明，恐惧诉求信息可以推动人们态度的转化，而过于强烈的恐惧或刺激则可能会阻碍行为的转化。

虽然贾尼斯和费希巴赫的这一实验仅在某种程度上验证了恐惧诉求对健康促进的有效性，但他们的实验却成为恐惧诉求理论的基础。该理论认为，如果想让公众践行某种健康行为，就应该告知他们不践行这种行为的风险，从而引发他们的恐惧，促使他们的行为转变。

恐惧诉求理论从逻辑上看似是成立的，但实证研究的数据并不总是支持该理论。例如，贾尼斯和费希巴赫实验的行为数据就和恐惧诉求理论预测的行为转化方向相反。还有学者指出，恐惧诉求的效果应该呈倒"U"型结构，即中等程度的恐惧会导致最佳的说服效果，太弱或太强的恐惧均效果不佳。但这种论断也没有获得数据的支持。

## 二 平行过程模型

恐惧诉求为什么并不总能导致行为变化，这个问题一直困扰着健康传播学者。为了回答这个问题，1970年，莱文塔尔（Leventhal）提出了平行过程模型（the parallel process model）。莱文塔尔认为，人们在面对恐惧诉求时有两种反应：第一种反应是恐惧控制，人们会采取回避、拒绝相信信息、否定信源和信息的真实性、故意违背信息中的要求等行为，并通过这些行为压制自己的恐惧情绪，从而达到安抚情绪的作用；第二种反应是危险控制，人们会通过调整自己的认知和行为来将风险降到最低，一般表现形式为接纳信息，并按照信息的要求去行动。[①]

根据平行过程模型的观点，恐惧诉求有时候无法导致行为或态度的转变，是因为人们选择了恐惧控制。虽然平行过程模型解释了为什么恐惧诉求并不总是有效的，但并未解释在何种情况下人们会选择恐惧控制，以及在何种情况下人们会选择危险控制。总而言之，平行过程模型为后续风险

---

① Leventhal H, "Findings and theory in the study of fear communications," in Berkowitz L(Ed.), *Advances in Experimental Social Psychology*, New York: Academic Press, 1970: 119–186.

传播理论的发展奠定了基础。

## 三 保护动机理论

长久以来，风险传播理论一直关注由风险引发的恐惧，认为恐惧是导致人们实施风险控制行为的唯一因素。这种将风险等同于恐惧的论断未免过于简单，且未解释清楚人们判断、评估风险的机制和过程，同时认为风险或恐惧到达一定程度就一定会促使人们采取行动。这种观点忽视了与防护行为相关的因素。例如，当人们认为防护行为成本过高、执行难度太大，或者不相信防护行为真的能降低他们面临的风险时，实施这些行为的动机自然也会降低。

基于上述反思，我们有必要将人们评判风险和防护策略的过程梳理清楚，特别要厘清不同变量之间的关系。保护动机理论（protection motivation theory）便是在这样的背景下被提出来的。保护动机理论有两个版本，最初的版本是罗杰斯（Rogers）在1975年提出来的。在这个版本中，罗杰斯认为实施风险防护行为的动机或概率取决于三大因素——风险的严重性、风险发生的概率、应对措施的有效性。三者相乘即为实施风险防护行为的动机或概率。[1]

1983年，马达克斯（Maddux）和罗杰斯（Rogers）对上述理论进行了修改，摒弃了三者相乘的等式，增加了风险行为收益、保护行为成本、保护行为回报和自我效能等因素。马达克斯和罗杰斯认为，实施风险防护行为是人们综合考虑这些因素后做出的决策。例如，当风险行为的收益超过风险的严重性和发生概率时，人们就会进入平行过程模型中的恐惧控制状态。同样，当防护行为的成本高于应对措施的有效性和自我效能时，人们也会进入恐惧控制的状态。[2]

---

[1] Rogers R W, "A protection motivation theory of fear appeals and attitude change," *Journal of Psychology*, 1975, 91: 93-114.

[2] Maddux J E, Rogers R W, "Protection motivation theory and self-efficacy: A revised theory of fear appeals and attitude change," *Journal of Experimental Social Psychology*, 1983, 19: 469-479.

## 四 拓展的平行过程模型

虽然保护动机理论对人们评判风险和防护策略的过程做出了详尽的解释，但该理论包含的变量过多，难以厘清这些变量之间的关系。因此，1992年，金·维特（Kim Witte）整合了保护动机理论和平行过程模型，提出了拓展的平行过程模型（the extended parallel process model）。该模型认为，人们是否要实施风险防御行为取决于两大因素——威胁感知（threat appraisal）和效能感知（efficacy appraisal）：前者涉及人们对风险的判断，后者涉及人们对风险防御行为的判断。其中，威胁感知包括两部分——严重性和易感性（即威胁发生在自己身上的概率），效能感知也包括两部分——反应效能（即目标行为防御风险的有效性）和自我效能（即自己达成目标行为的信心）。最终的行为结果则取决于威胁感知和效能感知的水平高低。[①]

当威胁感知过低时，人们会认为自己很安全，自动忽略让他们实施风险防御行为的信息；当威胁感知高但效能感知过低时，人们会开启防御对抗模式，拒绝信息的劝说，即进入平行过程模型中的恐惧控制模式；当威胁感知和效能感知都处于高水平时，人们会进入平行过程模型中的危险控制模式，即采纳信息的建议，实施风险防御行为。

金·维特还指出，威胁感知和效能感知都是人们的主观判断。虽然这些主观判断是人们阅读了外界刺激信息所产生的结果，但信息中所传达的威胁内容和效能内容并不完全等同于这些主观判断。换言之，威胁信息并不等于威胁感知，效能信息也不等于效能感知。

## 五 解释水平理论

风险传播理论研究发展了70余年，风险传播的模式已基本形成。虽然有学者提出了其他的理论模型，但基本模式没有跳出拓展的平行过程模型

---

① Witte K, "Putting the fear back into fear appeals: The extended parallel process model," *Communication Monographs*, 1992, 59: 329-349.

的框架。大部分研究只是在金·维特的基础上增加或减少一些变量。换句话说，拓展的平行过程模型是风险传播理论的集大成者，有效的风险传播需要同时提供威胁信息和效能信息。

这种局面一直到解释水平理论（construal level theory）被提出后才被打破。有趣的是，解释水平理论与风险传播并无直接关系。所谓解释水平（construal level），指的是人们对某个事物、某件事、某个人的认知是模糊、抽象的，还是具体、明确的。与解释水平相关的概念是心理距离（psychological distance），即人们认为某个事物、某件事、某个人与自己的主观距离是远，还是近。心理距离与解释水平是正相关的关系。解释水平越高，心理距离越远，人们对事物的认知越模糊；解释水平越低，心理距离越近，人们对事物的认知越具象。[①]

那么，解释水平理论和风险传播有什么关系呢？解释水平与心理距离密切相关，而公众对风险的心理距离认识决定了他们认为风险与自己的相关程度。心理距离越近，表明人们认为风险越可能发生在自己身边，并与自己相关；心理距离越远，表明人们认为风险越不可能发生在自己身边，就越容易认为风险与自己无关，从而忽略风险信息。解释水平理论还认为，心理距离有四个维度，关于这些我们将在下一节的概念阐释部分做进一步解释。

---

① Liberman N, Trope Y, "The psychology of transcending the here and now," *Science*, 2008, 322(5905): 1201-1205.

## 第二节
## 风险传播的重点概念

到目前为止，我们对风险传播理论的沿革进行了梳理。虽然这些理论颇为繁杂，但归纳起来，影响风险传播效果的因素无非只有三个。在本节，我们将对这三个因素的定义及其在风险传播中的应用进行梳理。

### 一 威胁感知

威胁感知指的是个体对其面临的风险程度的判断。金·维特对威胁感知的维度做出了界定，认为威胁感知分为两个维度，即感知严重性、感知易感性。感知严重性，指的是风险发生时对个体造成的后果或损失的严重程度；感知易感性，指的是某个威胁发生在个体身上的概率大小。金·维特认为，感知严重性和感知易感性相加便是威胁感知的水平。

虽然一些事件的确比另一些事件的威胁更大，但威胁感知本质上是个体的主观判断。因此，威胁感知的程度是可以被操纵的。最经典的做法莫过于恐惧诉求。传统上，我们一般通过文字实施恐惧诉求。但实际上，视听语言比文字能产生更直观的效果。例如，美国疾病预防控制中心曾采访一些长期吸烟者，这些人中有的因过度吸烟引发了包括口腔癌、肺癌、中风在内的一系列疾病。[1] 宣传片展示了这些人痛苦的生活，其中使用了大量

---

[1] Centers for Disease Control and Prevention：Tips From Former Smokers，见 https://www.cdc.gov/tobacco/campaign/tips/index.html，刊载日期：2024年2月5日。

可能会激发恐惧情绪的视听元素，如近距离展示病变器官的视觉符号，展现因病变扭曲的声音的听觉元素，等等。

随着技术的进步，多模态设计可以带给受众更直接的体验。传统的视听语言仍然隔着屏幕，而多模态设计则通过让观众亲身参与到信息中，增加观众的亲身体验感，从而达到强化相关情绪的作用。例如，汶川大地震后，许多博物馆都增加了地震体验场馆，参观者可以亲身体验不同震级的摇晃程度。这种亲身体验感给人带来的情绪上的冲击显然是更强烈的。

相比之下，操控感知易感性就没那么容易了。研究表明，感知易感性与个人的生活密切相关，因此感知易感性的个体差异较大。比如，在新冠疫情中，身体不好、抵抗力低下的人可能就觉得自己更容易感染病毒；每天不得不乘坐公共交通去上班的人可能就比每天自己开车去上班的人觉得自己更容易感染病毒；而每天自己开车去上班的人可能又比每天居家办公的人的病毒感知易感性更高。[1] 但是，也有研究表明，某些公共事件，比如明星染病或死亡，会提高公众对某一疾病的感知易感性。[2] 同时，因为视听语言的细节表现能力很强，所以其在影响感知易感性上也比文字语言更具有优势。例如，视频可以详细展示病毒如何通过喷嚏飞沫在空气中传播、最终到达每个人身上的过程，让人感到在飞沫面前人人逃无可逃，从而增强大多数人对病毒的感知易感性。

## 二 效能感知

按照金·维特的观点，效能感知一般包括两个维度——反应效能和自我效能。前者指的是个体觉得某行动方案是否能切实、有效地解决问题，后者指的是个体觉得自己是否能顺利地实施某行动方案。值得注意的是，

---

[1] Scarinci I, Pandya V, Kim Y, et al., "Factors assocaited with perceived susceptibility to COVID-19 among urban and rural adults in Alabama," *Journal of Community Health*, 2021, 46(5): 932-941.

[2] Walter N, Cohen J, Nabi R L, et al., "Making it real: The role of parasocial relationships in enhancing perceived susceptibility and COVID-19 protective behavior," *Media Psychology*, 2022, 25(4): 601-618.

拓展的平行过程模型大多应用于健康和公共卫生领域，而健康行为更多是个体行为。但是，当这一理论被运用到其他领域如环境保护领域时，就必须考虑环境保护行为与健康行为的一个重要区别，即环境保护目标不可能通过个体达成，必须集体行动才有可能实现目标。因此，环境传播的研究在此基础上增加了第三个维度——集体效能，即个体觉得某群体是否能顺利实施某行动方案。

1. 反应效能

与威胁感知一样，效能感知也是主观判断的结果，所以也可以通过信息实现操纵。由于反应效能的核心是行动策略解决问题的有效性，因此操纵反应效能就要让人们相信，践行某种行为可以带来好处。一般来说，经典的论证反应效能的方法包括但不限于举例、引用数据、解释原理、引用专家观点、引用相关研究。这些方法并不适用于所有人。一般来说，引用数据、解释原理、引用相关研究需要受众认真阅读材料、仔细思考材料中的证据和分析过程，所以这些方法对受众的注意力水平、受教育水平要求比较高。普罗大众更愿意相信专家的观点或身边人的事例。因此，讲故事，特别是讲他人的故事，可能对操纵反应效能来说更有效。

2. 自我效能

至于自我效能，相关研究提出了四个影响其水平的因素——直接经验、间接经验、言语说服、情绪。[1] 以游泳的自我效能为例，如果一个人曾经有过失败的学游泳的经历（直接经验），其在游泳上的自我效能就会比较低；如果一个人曾目睹自己的朋友溺水（间接经验），则其在游泳上的自我效能也可能会降低。但这些自我效能水平不是不可以提升的，如教练可以通过动作拆解、解释动作的原理来让这个人觉得游泳不是一件特别困难的事（言语说服）。最后，即便做了很多心理建设，但这个人一站到泳池边就开始紧张，则可能会产生一种心理暗示，即游泳太难了（情绪）。

排除情绪因素，直接经验、间接经验和言语说服都是能提高自我效能的途径。直接经验和间接经验比较直观，这里我们重点分析如何通过言语

---

[1] Strecher V J, Devellis B M, Becker M H, et al., "The role of self-efficacy in achieving health behavior change," *Health Education & Behavior*, 1986, 13(1): 73-92.

说服提升自我效能。自我效能的反面是行动障碍。如果一个人认为完成这件事的障碍很多，那么他/她的自我效能也不会太高。一般来说，行动障碍可以分成三类。第一类是认知和技能，如知识水平、个人技能等。第二类是社会环境，如文化价值观念和社会规范。这类因素会降低自我效能的原因是，如果一个行为不符合当地的文化价值观念或社会规范，实施这种行为就有可能导致个体被孤立、被排挤、被歧视。出于这种对社交损失的恐惧，人们可能会选择回避这些行为。第三类是实施条件，包括金钱、时间等。所以，要想通过言语说服提升自我效能，就要从这些因素入手，思考如何减少行动障碍。

3. 集体效能

影响自我效能的因素一般也会影响集体效能。但是在谈到集体效能时，有一个不可回避的重要影响因素，那就是责任分散感（diffusion of responsibility）。所谓责任分散感，指的是个体认为自己一个人做没有用，因为大部分人都不行动。在涉及需要集体行动的方案时，为了避免责任分散现象出现，需要调动群体参与的热情、强化参与者的群体身份、明确群体内部分工和负责人。但这些策略仅适用于有明确组织的情况，在没有明确组织的情况下，如环境保护问题需要全民参与，这种责任分散感就很难避免。

遗憾的是，迄今为止还没有特别好的消解责任分散感的办法。但是，有一个案例可以为我们提供一些可借鉴的思路。这就是发生在20世纪70年代加州洛杉矶克莱尔蒙特（Claremont）的垃圾回收行动。工作人员通过当地的童子军向克莱尔蒙特的居民宣传垃圾回收的益处。童子军们先挨家挨户地敲门，然后向房主宣读一份事先准备好的材料。这份材料主要阐述了垃圾回收的好处和实施方法。接着，童子军询问房主，是否愿意在一份文件上签名，这份文件上写着"我（姓名）志愿参加克莱尔蒙特的垃圾回收项目。我将为这场针对垃圾的战争助力"。凡是签名的房主都将获得一枚可以挂在房屋外墙上的标签，标签上写着"我参与垃圾回收，誓与垃圾为战"。6周之后，参与垃圾回收的家庭增加了20%。相比之下，在临近的没有实施这项环境传播行动的街区，参与垃圾回收的家庭仅仅增加了3%。后来，这个做法就在克莱尔蒙特推广开来，垃圾回收也逐渐被当地大多数人所接受。[①]

这个案例告诉我们，要降低责任分散感，可能还是要从个人做起。尽管人们可能会认为自己做而别人不做不能解决问题，但要告诉他们，如果人人都这么想，这件事就不可能推进下去了。所以，既然觉得这件事是正确且有益的，为什么不做呢？通过强调每一个个体的责任，推动其参与行动，并逐渐将这项行动推广开来，这样做可以产生一个结果，即在一个小范围的群体内形成群体规范。到那个时候，不参与的人就会面临道德压力和社会压力，最后实现大多数人的参与。

## 三 心理距离

根据解释水平理论，心理距离包括四个维度——空间距离、社会距离、时间距离和确定性。接下来，我们对这四个维度一一进行阐释。

### 1. 空间距离

空间距离，指的是个体感觉某一事物、事件、群体、个人身处的位置与自己的物理距离。例如，当我们身处南方某地，我们会觉得袭击此地的台风与我们的空间距离近；而对于那种袭击北方的台风，我们会觉得其与自己相距甚远。空间距离的重要性体现在，只有与自己物理距离近的事物或事件才会使我们觉得其与自己有关。

以环境保护为例，空间距离意味着环境议题必须要强调地域性，因为每个地区都有自己关切的环境问题。对于西北地区的人来说，可能是干旱、沙漠化；对于东南沿海的人来说，可能是台风、海平面上升；对于北方人来说，可能是雾霾；对于山区居民来说，可能是由树木被过度砍伐造成的山体滑坡和泥石流。这些由环境破坏造成的自然灾害对当地人来说可能并不陌生，因为他们可能亲身经历过，或者身边人经历过。因此，再跟他们强调保护环境的重要性时，就比较容易引起他们的共鸣，也更容易说服他们实施保护环境的行为。

---

① Wiseman R, *The As If Principle: The Radially New Approach to Changing Your Life*, New York: Simon & Schuster Paperbacks, 2012.

## 2. 社会距离

社会距离，指的是个人感觉某一事件影响的群体与自己是否属于同一群体。换言之，人们对社会距离的判断取决于某事件发生在其身上或身边的概率的大小。社会距离与空间距离密切相关。一般空间距离较近的事件和群体，其社会距离也较近，人们自然而然也就觉得其关联性更强。

但是，在进行科学传播时，很多议题并不是发生在我们身边的。例如，当列举由环境破坏造成的自然灾害时，很多灾难都发生在外地甚至国外。这时候该怎么办呢？科学传播者应当尽力说明这些自然灾害与目标受众的关联，缩小这些自然灾害与他们的社会距离。以2022年夏天发生在东北的洪水灾害为例，怎样让身处其他地区的人也觉得这个自然灾害与他们有关呢？东北是我国的重要产粮区，受灾必然会导致米价上涨。因为东北受灾是台风引发的极端天气所致，所以在全球气候变暖和环境保护这个大背景下，没有人是可以幸免的。这个例子给我们的启示是，科学传播工作者需要讲清楚事物之间的关联。即使没有直接关联，也可以通过强调间接关系，告诉公众其与科学议题之间的关系。

## 3. 时间距离

时间距离，指的是个体觉得某个事件发生的时间与当下的距离。所谓时间距离近，即某件事刚刚发生，人们至少还记得它是什么时候发生的；或者这件事马上就会发生，至少在肉眼可见的将来就会发生。所谓时间距离远，即某件事已经发生很久了，或者这件事会在将来发生。

很多科学传播不能产生预期效果，就是因为我们描述的危害要在很久以后才会发生。例如，在宣传戒烟时，我们常告诫受众，如果不停止抽烟，到五六十岁时肺部就会发生病变。但那些二三十岁的受众可能认为，五六十岁时才会发生的事距离现在太远，与其担心三四十年以后才有可能发生的事情，还不如享受当下吸烟的快感。又如，很多时候，人们并不在意环境保护，主要是因为破坏环境的恶果可能要几十年甚至几百年以后才会显现出来。所以人们会想，那时候我可能都不在这个地球上了，为什么我要担心呢？当然，你可以谴责人们自私、不负责任，但是正如我们之前讲过的，这种谴责可能会引发心理阻抗，造成逆反心理。那么，该怎么应对时间距离远这个问题呢？

有一种方法是把变坏的过程展示给受众。比如,虽然肺部发生病变并非在当下,但这种变化不是一朝一夕就完成的,而是一个循序渐进的过程。在这个过程中,人的身体会发生哪些变化?吸烟会怎样一步一步损害人的身体健康?又如,海平面上升是全球变暖的表现之一,而全球变暖的其他恶果现在已经慢慢显现出来了。如果任由这个现象恶化下去,就只会造成更严重的后果。

4. 确定性

心理距离的最后一个维度是确定性,即个体觉得某个事件是否是真实无误、一定会发生的。在关于气候变化的讨论中,我们时刻都能看到确定性这个因素的影响。例如,美国的民主党支持环境保护和新能源产业,并认定气候变化正在发生且是由人类活动造成的;但共和党认为气候变化即使发生了也与人类活动没有太大关系,甚至有些共和党人反对气候变化说,认为气候变化就是虚假信息。

在前文中,我们反复提到,人工智能、社交媒体等新媒体工具加剧了虚假信息的传播。所以,许多公众在对待科学信息描述的一些现象时,他们的态度是不确定的。正因为如此,科学传播者才需要格外强调确定性。比如,向受众充分阐述事情发生的原理和过程、列举真实发生的案例,都可以增加确定性。

但是,强调确定性是非常困难的。第一,因为人们在接触信息之前,就对某个议题已经形成了自己固有的看法,形成了自己的"同意区"和"反对区",所以并不是所有人都能被说服;第二,科学传播的一个难点就是科学信息的不确定性。民众认为科学是正确的,需要确定信息,但科学的本质是不确定,所以有时候无法给民众提供他们想要的确定的答案。但无论如何,在设计方案前,我们都需要对科学信息进行全面分析,找出一些容易被怀疑的信息点,并针对这些信息点重点进行阐述。

## / 第三节 /
## 风险传播信息设计

本节，我们来谈一谈怎样设计风险传播信息。在谈怎么做之前，让我们先来了解人类的大脑是怎样处理风险传播信息的。要回答这个问题，我们得先回顾拓展的平行过程模型，因为正如前文所述，这个模型是风险传播理论中的集大成者。它最重要的贡献就是将风险传播信息的处理过程简化为两个步骤：第一步，处理威胁信息。如果受众认为信息传递的威胁过低，他们就会直接忽略该信息，停止阅读。只有当威胁达到中等水平时，他们才会进入下一步。第二步，处理效能信息。如果受众认为效能过低，便会进入"摆烂"模式，如拒绝采取信息推荐的行为、给信源差评等。只有当效能达到中等水平时，人们才会在中高水平的威胁下被说服，接受科学传播的信息。

另一个需要我们考虑的是解释水平理论。这个理论最重要的观点是，人们与事物的心理距离有远近之分，对事物的认知也有模糊或具体之分。而影响人们决策和行为的因素在心理距离和解释水平上也有远近、高低之分。这些因素只有与心理距离的远近或解释水平的高低匹配起来，才会发挥作用。

具体到风险传播，威胁感知是对风险的判断，而风险直接与人们的态度（正面态度或负面态度）相关。人们不需要对事物有具体的了解，只需要能对其总体状况做出价值判断。相反，效能感知是对风险防御措施的判断，并涉及行为，而行为的落实需要人们对事物有详细、具体的了解。所以，威胁感知与高解释水平、远心理距离相匹配，效能感知与低解释水平、近心理距离相匹配。

因此，根据解释水平理论，当公众处于高解释水平或远心理距离时，威胁感知应该发挥更主要的作用；当公众处于低解释水平或近心理距离时，效能感知应该发挥更主要的作用。实证研究验证了这些推断。例如，在一项发表于2022年的问卷调查研究中，研究人员实地走访了在某地5个有噪声污染的工厂工作的449名工人，试图发现影响他们使用减噪设备的因素。研究发现，第一，噪音的感知严重性正向影响个体使用减噪设备的意愿，但仅限于年轻工人；第二，使用减噪设备的反应效能正向影响个体使用减噪设备的意愿，但仅限于工龄长的工人；第三，使用减噪设备的自我效能正向影响个体使用减噪设备的意愿，该影响作用于所有群体，且在工龄长的工人中影响更大。这说明，年轻工人刚刚进厂，对噪声污染的危害了解不够，自己没有体会，也很少能看到其他工人受噪声污染影响后出现的症状，所以心理距离较远。工龄长的工人已经工作较长时间了，对噪声污染的危害已经有了比较多的了解，要么自己身体出现了一些病症，要么看到其他工人的症状，所以心理距离较近。因此，远心理距离匹配感知严重性（威胁感知），近心理距离匹配效能感知，这与解释水平理论的推断一致。[1]

另一项发表于2020年的实验研究也证明了这个推论。在实验中，被试被随机分配到四组，每组中有一条不同的关于环境保护的宣传信息（高解释水平+效能；低解释水平+威胁；高解释水平+威胁；低解释水平+效能）。研究发现，当被试的解释水平高时，阅读威胁信息最能促进环境保护行为；当被试的解释水平低时，阅读效能信息最能促进环境保护行为。这个发现也验证了解释水平理论关于因素和解释水平匹配的论断。[2]

这些研究对拓展的平行过程模型乃至整个风险传播理论进行了补充。根据以往的研究结论，风险传播必须包括威胁信息和效能信息两个部分，两个部分同等重要。但解释水平理论认为，是否要同时包括这两个部分、

---

[1] Liang S, Rui J R, Xu P, "Risk or efficacy? How age and seniority influenced the usage of hearing protection devices: A cross-sectional survey in China," *Safety Science*, 2022, 154: 105858.

[2] Chu H, Yang J, "Risk or efficacy? How psychological distance influences climate change engagement," *Risk Analysis*, 2020, 40(4): 758-770.

是否要给予两个部分相同的权重,取决于受众的心理距离。其原因在于拓展的平行过程模型和解释水平理论在公众认知基础的理解上存在差异。前者认为,公众是一张白纸,对相关议题没有任何了解,所以任何信息都会对公众产生相应的影响;后者认为,公众在许多议题上都有着自己的认知,所以只能顺着这些认知、根据这些认知的特点,为公众提供相应的信息。

在对风险传播信息处理机制充分了解的基础上,我们可以总结出设计风险传播信息的步骤。第一步,对受众的情况进行摸底,考察他们的心理距离、威胁感知和效能感知;第二步,对受众进行分组,这有助于我们根据各组的具体情况进行更有针对性的信息设计和投放。例如,针对心理距离远的受众,我们在信息中就要强化威胁感知;如果受众原本的威胁感知水平很高,那么我们可以利用现有的威胁感知,侧重向他们提供效能信息;如果受众原本的效能水平很高,则我们只需要鼓励他们继续坚持自己原有的看法,在此基础上稍稍助推一下,便可顺利完成行为转化的目标。

需要注意的是,威胁信息和效能信息是存在先后顺序的。根据拓展的平行过程模型,如果人们认为自己面临的威胁水平低,就不会再关注信息。从心理距离和解释水平的角度看,威胁信息的心理距离和解释水平高于效能信息,所以按照人类思维的惯性,应该先提供威胁信息,再提供效能信息。

在本书第一章中,我们谈到了科学传播的目标。如果要对科学传播的目标进行分类,则大致可以分成两类。第一类目标是思想观念类,包括改变意识、培养兴趣、改变态度、提高素养、培养科学精神。要实现这类目标,就需要告诉受众"是什么",更要解释"为什么"。第二类目标是行动类,包括改变行为、组织动员、监督决策。要实现这类目标,就需要告诉受众"怎么做"。抛开语言晦涩、内容艰深等原因,听不进去"是什么""为什么"的一个重要原因是受众觉得"跟我没关系"。风险传播中的威胁信息和效能信息恰好对应这两类传播目标中的问题。威胁信息解决相关性问题,如为什么这件事跟"我"有关系、为什么"我"要花时间看这条信息;效能信息解决信心问题,如针对这样的威胁这么做是否有效,"我"(们)应该怎么做。

## 本章思考题

1. 请结合你身边的实例，谈谈在生态环境领域有哪些亟待解决的问题或需要重点保护的对象。

2. 你认为可以从哪些方面讨论环境保护问题与民众的关系，让民众觉得环境保护与自己相关？

3. 你认为哪些风险是会立即发生的？哪些风险的发生可能是延迟的？针对这些可能会延迟发生的风险，有什么办法能降低远时间距离带来的负面影响？

4. 选择一个与风险相关的议题，并搜集相关资料。在这个议题中，你认为有哪些信息点是容易使民众产生疑惑和质疑的？

# 第八章

# 情绪诉求与科学传播

2015年8月,德国摄影师克斯丁·兰杰伯格(Kerstin Langenberger)在挪威拍摄到一张北极熊的照片。①照片一经发布,在世界各地引起轩然大波。在人们的印象中,北极熊一向是身强体壮的,但照片中的北极熊瘦骨嶙峋,一条腿还受了伤,挣扎着在浮冰上寻找食物。这张照片让人们在对北极熊产生同情的同时,也意识到了气候变化造成的严重后果。

之所以一张照片能引发如此广泛的讨论,主要是因为这张照片激起了大家复杂的情绪,如同情、震撼、担忧等。在本书第二章中,我们提到,缺失模型之所以会失效,是因为人们并非机械地接受信息,认知、情绪和社交因素都会影响科学信息传播的效果。事实上,在科学传播中,激发人们的情绪使人们更容易接受科学信息或者对科学议题产生更浓厚的兴趣,是非常常见的做法。这种传播策略被称为情绪诉求(emotional appeal)。情绪不仅是人们对外界环境的一种反应,更会触发人们相应的行为。因此,本章将聚焦情绪诉求,向大家介绍几种常见的情绪诉求,并探讨它们发生的机制,最后谈一谈如何将情绪诉求嵌入科学传播的总体叙事中,以期收获更好的传播效果。

---

① The Blog of Kerstin unterwegs: Ein Dünner Eisbär Schockiert Die Welt, 见 https://islandkerstin.blogspot.com/2015/,刊载日期:2015年11月12日。

## 第一节
## 常见情绪的影响机制

人类的情绪有许多种,在科学传播的研究与实践中,经常出现的情绪包括恐惧、愤怒、内疚、羞耻、敬畏、快乐。其中,因为内疚和羞耻有很多相似性,所以一般都将二者合并在一起讨论。快乐的情绪一般源于轻松搞笑的内容,所以一般将产生快乐的信息称为幽默诉求。想要理解情绪诉求对科学传播的影响,首先应当弄清不同情绪的特点,特别是触发情绪的原因以及情绪对人类行为的影响。接下来,我们就将按这个思路向大家一一介绍这些情绪。

### 一 恐惧

在本书第七章中,我们谈到风险传播研究起源于恐惧诉求。作为人类一种常见的情绪,恐惧一般指的是人们面对威胁或风险时产生的一种自然的情绪反应。因为人们知道威胁或风险会使自己置于一种危险的境地,所以出于自我保护的天然动机,当人们感到恐惧时,第一反应是逃离这个危险的境地。因此,一般与恐惧相关联的行为是逃避。

恐惧与逃避的关系就解释了为什么恐惧诉求并不总是能正向促进行为。在第七章中,我们讲到贾尼斯和费希巴赫在1953年所做的恐惧诉求实验。[1] 实验结果显示,高恐惧导致的行为转化率最低。同时,平行过程模型、保护

---

[1] Janis I L, Feshbach S, "Effects of fear-arousing communications," *The Journal of Abnormal and Social Psychology*, 1953, 48(1): 78.

动机理论、拓展的平行过程模型都表明，如果人们只是单纯觉得恐惧却不懂得降低风险的方法，他们就会选择诸如回避信息等消极的回应方式。这些研究结论进一步证明了恐惧的逃避属性。如果只受到恐惧这一种情绪的支配，人们就会选择逃离使他们感到害怕的信息或者其他刺激源。

值得注意的是，还有两种与恐惧相关的情绪。第一种是恶心。恶心是一种由某些形态、色彩或者非常规的行为导致的一种不适情绪。在某些恐惧诉求研究中，为达到宣传效果，研究者使用一些影像和图片，如向公众展示变异、坏死的器官，使恐惧变成了恶心。在许多文化中，器官的真实图片或影像本身就会引起人们不适，这时的恐惧诉求其实变成了"恶心诉求"。在生理层面，恶心的直接反应是呕吐，所以恶心其实是身体的一种保护性反应。正因如此，恶心一般会导致逃避行为。第二种是焦虑。焦虑是由不确定性引发的负面情绪。正是这种不确定性，才导致了一系列包括紧张、担忧在内的情绪。因为焦虑会令人不适，焦虑也和逃避相关。在现实生活中，特别是广告营销中，我们常说商家在"贩卖焦虑"。如果我们仔细观察，就不难发现，贩卖焦虑的广告一般由两部分组成，第一部分诱发焦虑，第二部分兜售解决焦虑源的方法。[①] 所以，与恐惧诉求的结构类似，"焦虑诉求"必须配备能减少焦虑的方法，才能实现说服的效果。

## 二 愤怒

愤怒情绪的产生需要两个条件。第一，他人的行为具有伤害性。这种伤害既体现在对肉体、情感的伤害，也体现在阻碍个人或他人目标的达成。第二，这种具有伤害性的行为是故意的，至少我们认为其是故意的。因此，我们会认为他人做出这种恶行是故意的，这无疑增加了我们感受到愤怒的合理性。另外，愤怒产生的一个充分条件是人群。如果受到伤害的人群和我们具有相同的群体身份，我们就更容易因共情而产生愤怒。

在行为层面，愤怒导致的是行动。当人们感到愤怒时，人们一般会在这种情绪的支配下做出攻击性行为。这种攻击不一定是指肢体或语言上的

---

① 参见芮牮、郝红燕、王潇《微信公众号制造焦虑的机制探究——以求职类微信公众号为例》，载《青年记者》2023年第4期，第47—49页。

攻击，合法的抗议、投诉，要求政府修改法律和政策，以便挽回自己的损失或维护自己的权益，都属于愤怒导致的攻击性行为。

但愤怒能转化为行动的一个重要条件是，行动是简单的且具有较高程度的可操作性。如果人们愤怒却发现自己什么也做不了，愤怒就只会停留在情绪层面，而不会转化为行动的力量。如果长期只有愤怒而毫无办法，则可能会产生习得性无助。

### 三 内疚和羞耻

内疚和羞耻都源于相似的情境。在这个情境中，首先，有人因为我们的行为受到了伤害；其次，我们认为这个行为是可控的；最后，伤害这些人并非我们所愿，它违背了我们的价值观或意愿。内疚和羞耻的区别在于，如果我们伤害他人的行为只是自己偶然为之，而不能代表我们的人品或道德观念，我们一般就会感到内疚；但如果我们伤害他人的行为反映了自己的道德观念或人品，这就会使我们的负面情绪从内疚上升到羞耻。

正因为内疚和羞耻的这个区别，这两种情绪才在行为属性上呈现截然相反的特征。因为内疚的源头是行为（伤害他人）与主流价值观（不害人）不符，所以为了解决这种观念和行为的不一致，人们就必须改正自己的行为，使其与自己一直以来秉持的做人原则一致。因此，内疚具有行动属性。但是，人们感到羞耻是觉得自己的人格因为自己做的某件事被否定了，而人格被否定是一件非常严重的事情。所以，当人们觉得羞耻时，人们一般会千方百计地寻找各种借口否定他人对自己的指责，或者干脆逃离令其感到羞耻的人或境遇。[①] 因此，羞耻具有逃避属性。

### 四 敬畏

敬畏是一种包含了多种情绪在内的复杂情绪反应。在现实生活中，一般能触发人敬畏情绪的场景或事物包括宏伟的古迹、庄严肃穆的宗教建筑、

---

① Boudewyns V, Turner M M, Paquin R S, "Shame-free guilt appeals: Testing the emotional and cognitive effects of shame and guilt appeals," *Psychology and Marketing*, 2013, 30(9): 811-825.

苍茫辽远的自然景观、浩瀚无垠的宇宙。当面对这些场景和事物时，人们一般会产生多种情绪，包括震撼、惊奇、兴奋、畏惧等。这些情绪在英文中统称为awe，在本书中，我们将它翻译为"敬畏"。

凯尔特纳（Keltner）和海德特（Haidt）[①]认为，触发敬畏的情境一定是宏大的事物或空间，而且这种宏大超过了人类认知的范围，会引发一种包括震撼、惊奇和畏惧在内的复杂情绪。对于某些人而言，这种情绪甚至是不适的。正因为宏大的事物或空间对人们的冲击太强，人们才需要调整自己的认知框架和价值观念以便适应这种新的冲击。所以，敬畏一般会令人们认识到自己的渺小，产生谦卑的心态。

卡普兰（Kaplan）等的研究区分了三种敬畏——对自然的敬畏、对神的敬畏和对人力创造的奇迹的敬畏。[②]对自然的敬畏会让人意识到自我的渺小，对神的敬畏会激发人的宗教属性。这两者对环境保护行为的促进作用都强于对人力创造的奇迹的敬畏所能达到的效果。

## 五 快乐

从历史上看，能令人们感到快乐的娱乐活动起源于祭祀仪式，最初的娱乐活动是附属于祭祀仪式的一项活动。随着生产力的提高，娱乐活动从祭祀中分离出来。而娱乐活动一旦从祭祀仪式中独立出来，教育就不再是其主导目的，娱乐成为纯粹的娱乐。

因此，从起源来看，娱乐与教育（祭祀在古代承担的便是教化功能）在功能上就显得格格不入。教育代表的是官方，它是体制的象征。教育代表着道德、秩序和传统，还代表着高雅、肃穆和庄严。娱乐则有着享乐至上的身心体验，甚至还可能带有庸俗、下流的成分。而娱乐带有的这些内容与体验恰恰又是它吸引人的地方，因为相当一部分人厌倦教化，渴望从令人窒息的秩序与体制中解脱出来，让自己疲惫的心情得到放松。而娱乐内容中庸俗

---

① Keltner D, Haidt J, "Approaching awe, a moral, spiritual, and aesthetic emotion," *Cognition & Emotion*, 2003, 17: 297-314.

② Kaplan B, Miller E G, Iyer E S, "Shades of awe: The role of awe in consumers' pro-environmental behavior," *Journal of Consumer Behavior*, 2024, 23(2): 540-555.

甚至下流的成分本身就体现了这种反抗的意识和价值观。因此，娱乐的文化属性导致了一切能产生快乐的娱乐活动——包括幽默在内，都具有反秩序、反说教的属性。这也解释了为什么幽默经常被用作讽刺的工具，如图8-1所示。

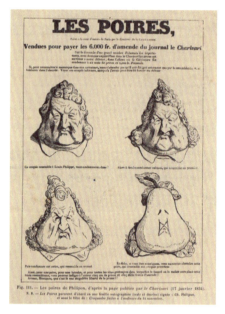

图8-1　19世纪嘲笑国王路易·菲利普长得像梨子的法国政治讽刺画
（［法］夏尔·菲利庞《梨子》，刊于《喧闹》，1834年1月17日）

但是，由于教化长期的、潜移默化的作用，人们会认为秩序才是生活的常态。幽默之所以让人捧腹，恰恰是因为出人意料的反转。从理论上看，期望违背理论（expectancy violation theory）认为，人们对万事万物都有一定的期望，如果一个行为或一件事与他们的期望不符，那么人们往往会先对这个违背期望的事情做出价值判断。如果这件事是坏事，比如突然被人骂了，人们就会以负面的形式回应；如果这件事是好事，比如过生日收到令人感到惊喜的礼物，人们就会以正面的形式回应。[①] 因此，幽默就属于"正面的期望违背"，会令人在意想不到的反转中捧腹大笑。

---

① Burgoon J K, "Interpersonal expectations, expectancy violations, and emotional communication," *Journal of Language and Social Psychology*, 1993, 12(30): 30-48.

## 第二节
## 科学传播中情绪诉求的效果和实例

### 一 恐惧诉求

恐惧诉求可能是科学传播中最常见的情绪诉求了，主要见于健康议题的传播。若想让恐惧诉求发挥正面促进作用，则不能单纯依赖具有逃避属性的恐惧。正如本书第七章所说的，信息必须包括威胁和效能两个方面，即既要让受众感到恐惧，又要让他们觉得有一种简单可行的办法能降低令其感到恐惧的风险。

在健康传播领域，传统的恐惧诉求信息一般聚焦于生理层面的风险，如器官病变、癌症或传染病。但并不一定只有生理层面的风险才会引发恐惧，其他风险也有可能（至少在特定人群中）会导致恐惧。比如，容颜的衰变可能会使女性感到恐惧，社交上的孤立可能会使青少年感到恐惧。因此，现在很多使用恐惧诉求的信息会强调非生理层面的风险，以此强化受众的恐惧心理。

以2014年美国旨在劝说青少年不要抽烟的戒烟宣教运动The Real Cost Campaign为例[1]，这个通过一系列视频向青少年讲述香烟的危害的宣教运动选择了青少年更加珍视的容颜作为引发他们产生恐惧的风险信息点。在The Real Cost Campaign关于电子烟的系列视频中，一个十几岁的少女走进便利

---

[1] U.S. Food & Drug Administration: The Real Cost Campaign，见https://www.fda.gov/tobacco-products/public-health-education-campaigns/real-cost-campaign，刊载日期：2024年8月16日。

店，掏出钱要购买一包香烟，售货员告诉她钱不够。于是她从脸上撕下了一块平整光滑的皮肤，这时售货员才给了她一包香烟。现场撕下皮肤这显然是不可能的，但这个视频想告诉受众，抽烟会导致皮肤提前衰老。更重要的是，撕下皮肤这个举动很可怕，宣教人员是想以此吓阻青少年，让他们对抽烟的危害产生足够的恐惧心理。很多视频都采用了同样的套路。例如，当一个十几岁的男孩试图购买香烟时，售货员也告诉他钱不够。于是他拿出老虎钳拔下了自己的一颗牙齿，换取了一包香烟。这是要告诉受众，抽烟会危害牙齿，导致牙齿发黄、脱落，甚至患上口腔疾病。而用老虎钳拔牙这一举动也足够使人恐惧和震撼，从而达到恐惧诉求的效果。

The Real Cost Campaign的目标受众是年轻人。由于器官病变、癌症等容易让他们觉得这些都是非常遥远的事情，因此以此来宣教不见得能对他们产生重要的影响。但吸烟会使皮肤提前衰老以及损坏牙齿，从而影响人的颜值，这个恐惧诉求触发的点恰恰是他们最关心的。

## 二 愤怒诉求

愤怒诉求因其行动属性而更多被用于政治宣传中，因为愤怒情绪产生的条件完美契合了开展政治宣传的情境。第一，在政治宣传中，政治家通常会区分己方阵营和敌方阵营。如果受害者正好是己方，而加害者正好是敌方，就正好可以利用身份区别激起己方阵营的愤怒。第二，政治宣传的目的一般是动员，如动员公众去抗议、游行，或者投票支持自己，这些行动都是比较容易做到的。在美国总统竞选中，特朗普在演讲中就大量使用了愤怒诉求，从而激起了保守的白人选民的愤怒，以获取他们对自己的支持。

但愤怒诉求并不总是被别有用心的政治家所利用。愤怒产生的一个条件是有人受到了伤害，这个人不一定是我们身边的人或者跟我们拥有相同群体身份的人。毕竟，人都是有同情心和同理心的。如果看到孩子这一弱势群体受到伤害，不管发生在哪个国家，人们都会同情和愤怒。因此，联合国儿童基金委曾在一个号召大家解决斯里兰卡儿童问题的宣传活动中，就使用了愤怒诉求——通过展示一个被剥夺了梦想、被迫参军的孩子的形象，试图激起公众的同情和愤怒。

在科学传播领域，愤怒诉求经常被运用于环境保护的主题中。例如，美国一家专营户外运动产品的公司 Patagonia 曾经推出过一个视频，视频中青少年的表情大多是愤怒或不满的，原因是有许多美国国会的议员否认气候变化的真实性，反对环境保护事业。[①] 视频的最后是号召大家发送短信，以表达对这些人的不满。这个视频有两个地方体现出愤怒，一是青少年的表情，二是陈述国会议员反对气候变化和环境保护的事实让观众感到愤怒。因此，这个视频也隐藏了敌我两个阵营，利用不同的身份和立场引起愤怒。

## 三 内疚/羞耻诉求

由于内疚和羞耻的源头都是他人因我们的行为受到了伤害，因此内疚诉求和羞耻诉求都会对他人的行为产生影响。例如，在健康传播领域，内疚诉求和羞耻诉求就多用于传染病防治的宣传中。比如，在号召人们进行性病、艾滋病筛查的宣传中，强调性病、艾滋病对伴侣的危害，可以激发人们的内疚情绪。在环境传播中，很多宣传也强调了人类行为对环境造成的破坏和对动植物的影响。正如本章导入语提到的北极熊的照片，其实就隐含了人类活动破坏了北极熊生存空间、威胁到北极熊的生存的信息。

羞耻的源头是人们对自己的行为不满且人们的行为反映了自己的人格，所以在科学传播中，一般不会主动使用羞耻诉求。但一些使用内疚诉求的广告却因过度追求广告效果使观众从觉得内疚变成了觉得羞耻，从而产生了反效果。

一个典型的例子是澳大利亚拍摄的戒烟广告片。在这个广告片中，一个母亲带着孩子去了车站，然后将孩子丢下。孩子的脸上很快就浮现出茫然、焦虑、恐惧的表情，进而孩子开始哭泣。转瞬间，画外音响起，"这是

---

① Hans R, "What is emotional marketing everyone's talking about?," see https://www.deskera.com/blog/what-is-emotional-marketing/.

你离开孩子一分钟后发生的事情，想想如果你离开孩子一辈子会怎样"①。片尾是戒烟求助电话。这个广告片曾经引起了轩然大波，反对者认为其对吸烟者的指责过于激烈。究其原因，在于这个视频将人们的内疚情绪变成了羞耻情绪，该广告片其实是在指责吸烟者是不负责任的父母。

相反，另一则泰国的戒烟广告片就温和得多。在这个广告片中，一个小孩走向在街头抽烟的大人，向他们借一根香烟。所有大人都拒绝了他，并且告诉小孩吸烟的种种危害。于是这个小孩向大人们问道，那你们为什么抽烟？接着，小孩递给他们一张戒烟求助卡片。这时，所有的大人都丢掉了手中的香烟。②

## 四 敬畏诉求

在科学传播中，在大部分情况下，敬畏诉求用于环境保护宣传，通过展示宏伟辽阔的自然景观，激发公众对自然的敬畏感，从而达到宣传环境保护观念、呼吁大众保护环境的目的。同时，在一些以倡导健康生活方式、改善情绪健康为目标的健康传播中，也会使用敬畏诉求。在这些宣传中，受众一般会接触到展现大自然空旷、辽远、壮阔的景象，由此产生的敬畏感可以减少焦虑、紧张、烦躁等负面情绪，让人感到宁静、平和。此外，对自然的敬畏还能促使个体反思自己的生活，从内寻找生活的力量，从而改善他们的情绪健康。

传统的敬畏诉求多采用视觉符号，如图片、影像等来激发人们的敬畏感。例如，曾有学者将敬畏的产生机制运用到虚拟现实技术中，试图在环境传播的视觉信息中实现敬畏诉求。③而在现实生活中使用敬畏诉求的实例之一是珠海长隆的"鲸鲨馆夜宿"活动——孩子可在家长的陪同下，在鲸

---

① Chan S, "Stop smoking for children's sake, city urges," 见 https://archive.nytimes.com/cityroom.blogs.nytimes.com/2009/03/30/stop-smoking-for-childrens-sake-city-urges/，刊载日期：2009年3月30日。

② Harrigan M, "Thai anti-smoking PSA shows little kids teaching big lesson," 见 https://www.syracuse.com/news/2012/06/thai_anti-smoking_psa_shows_li.html，刊载日期：2012年6月22日。

③ Quesnel D, Riecke B E, "Are you awed yet? How virtual reality gives us awe and goose bumps," *Frontiers in Psychology*, 2018, 9: 403078.

鲨馆搭帐篷睡觉。这使得孩子们可以在类似于大海的幽蓝色的环境中，在鲸鱼、鲨鱼和其他海洋生物的环绕中睡去，感受到海洋的辽阔和深邃。这种使人仿佛置身于广袤无垠空间的感觉能引起人们对自然和生命的敬畏感。

## 五　幽默诉求

近年来，随着自媒体数量的增多，媒体针对公众注意力的竞争越来越激烈。加之科学信息容易因其内容枯燥、晦涩而导致受众流失，越来越多的科学传播自媒体在设计信息时采用幽默诉求。

现有研究对幽默诉求的正反面效果均有提及。从正面效果来看，幽默能吸引公众的注意力，加深受众对信息的记忆，减少受众对说服信息的抵抗心理，改善受众对信息和信源的态度，有利于信息的传播。此外，由于受众更容易记住幽默信息，这些信息还可能产生长期效果，即信息的说服效果可能持续更久。从负面效果来看，幽默信息可能会让一些人感到不适，因为不是所有人都能理解信息想要传达的幽默。虽然使用幽默诉求不一定会出错，但有可能会让人觉得这条信息不够严肃，或者导致受众更容易记住笑话而忘记信息要传达的更重要的内容。

2018年，美国学者内森·沃尔特（Nathan Walter）及其研究团队发表了一篇关于幽默诉求的元分析，对幽默诉求的效果进行了汇总。[①] 研究发现，幽默诉求的成效取决于以下五个方面：第一，不能过分幽默，过于幽默会削弱信息的效果；第二，与主题相关的幽默才会有效；第三，主题与公众利益越相关，使用幽默越会提升信息效果；第四，在教育领域中使用幽默诉求的效果最明显，说明幽默诉求更有助于提升受众的知识水平；第五，不同类型的幽默会产生不同效果，例如，滑稽模仿有助于提升受众的知识水平，但反讽不利于受众学习新的知识。

内森·沃尔特及其团队的研究对幽默诉求的效果做了归纳，并回应了一些研究针对幽默诉求的批判。基于他们的研究，我们可以肯定地说，幽

---

① Walter N, Cody M J, Xu L, et al., "A priest, a rabbi, and a minster talk into a bar: A meta-analysis of humor effects on persuasion," *Human Communication Research*, 2018, 44(4): 343-373.

默诉求在总体上是有效的，尤其在向公众传递知识方面更是如此。但是，在使用幽默诉求时，必须注意不能过度，而且要和主题相关，要在与公众利益相关的主题上选用幽默诉求。

同时，幽默具有文化属性。处于不同文化背景的人对幽默的理解不同，同一个笑话在不同文化背景的人群中引起的反应是不同的。因为幽默源于生活，一旦脱离了具体的文化环境，幽默就会失去它吸引公众的文化基础，也就失去了它的魅力。此外，幽默的文化属性还体现在不同社会环境中人们对幽默的理解。2020年，我国学者宫贺等发表的一篇论文便显示，使用组织机构的公共账号对危机进行幽默回应，反而会对组织的声誉产生消极影响。[1]

行文至此，我们对各种情绪的触发和影响机制进行了梳理，并结合实证研究和现实案例，对五种主要的情绪诉求在科学传播中的运用及其效果进行了阐述。由此可见，情绪诉求的确可以对科学传播产生极大的促进作用。那么，这是否意味着在任何情况下我们都应当考虑使用情绪诉求呢？

---

[1] 参见宫贺、黄苗红、柯颖妮《幽默的"两面性"：社交媒介危机回应的效果与影响因素》，载《新闻与传播研究》2022年第27期，第58-76、127页。

/ 第三节 /
# 在科学传播叙事中使用情绪诉求

## 一 心理距离与情绪诉求

在本书第七章中,我们谈到了解释水平理论。该理论认为,解释水平与心理距离息息相关。例如,心理距离远,解释水平高,人们对事物的认知便是模糊的、框架式的;心理距离近,解释水平低,人们对事物的认知便是具体的、充满细节的。心理距离不同的个体对信息的处理方式也是不同的:当心理距离远时,人们会更关注与其心理距离相匹配的内容,那部分内容对其的影响也会越大;反之亦然。

同样,情绪诉求的影响,或者说人们在决策和行动过程中受情绪影响的程度也取决于其心理距离。当心理距离远时,人们如同远远地端详一件事物,不可能深入事物的内部,自然不会产生共情,无法体察其中蕴含的情绪;当心理距离近时,人们如同深入事物内部,自然能获得相似的体验,体会个中的情绪。事实上,许多实证研究也证明了这个观点。例如,一篇发表于2016年的研究论文显示,通过实验操纵影响了实验被试的解释水平和心理距离。在这个实验中,两组被试会分别接触到一则广告。广告的主题和内容都是相同的,但其中一则广告采用的是普通的信息告知的方法,而另一则广告则采用了情绪诉求,通过在广告中渲染情绪来强化说服效果。[①]

---

① Septianto F, Pratiwi L, "The moderating role of construal level on the evaluation of emotional appeal vs. cognitive appeal advertisements," *Marketing Letters*, 2016, 27(1): 171-181.

为了提升研究发现的效度，测试者采用了两种不同主题的广告，在两组不同人群中进行了反复实验。最后，实验结果显示，当被试心理距离远时，普通的信息诉求和情绪诉求的效果类似；当被试心理距离近时，情绪诉求的效果更好，说明被试在心理距离近时所做的决策更受情绪影响。

因此，只有当受众与科学传播的议题或信息的心理距离较近时，我们才应该使用情绪诉求。那么，什么情况下受众与议题或信息的心理距离才会较近呢？当然，从心理距离的定义看，发生在自己身边、在此时此刻更可能会发生、明确了一定会发生的事，都与受众的心理距离更近。但是，这些都属于客观条件。也就是说，如果我此刻身在某地，发生在该地的事就具有天然优势。那么，这是否意味着发生在该地以外的事情与我的心理距离就一定远呢？

## 二 作为科学传播叙事策略的情绪诉求

在本书第二章中，我们提到了传统的科学传播理论缺失模型的失效。缺失模型失效的主要原因是受众在大多数时候都是非理性的。对此，学者们给出的"药方"是，用讲故事的方式进行科学传播。

为什么用讲故事的方式进行科学传播能收获更好的效果呢？首先，故事更能吸引受众的注意力，也更能提升受众对信息的记忆效果。故事中的信息会对受众产生即时的影响，而且该影响可能会持续一段时间。相比之下，传统的科学信息可能很难产生长期效果，甚至因为缺乏对受众的吸引力，连即时效果都无法实现。所以，用讲故事的方式进行科学传播更能培养公众对科学议题的兴趣，实现教育的目的。

更重要的是，故事可能因为其引人入胜的情节和人物，使受众沉醉其中、不能自拔，这种状态被称为transportation。进入这种状态中的人不仅会失去身体反应，还会失去对现实的反应。同时，由于忘我的状态，人们往往会暂时停止现实生活中的所思所想，而跟随故事情节和人物，产生与人物同样的情感和认知反应。处于这种状态中的个体，一般不会轻易反驳故事中的信息，而会将故事与现实等同起来，认为故事中发生的事也应该发生在现实世界。所以，用讲故事的方式进行科学传播更能改变公众对某些事物的看法，从而达到改变其认知、态度和行为的说服目的。

由此可见，一个引人入胜的故事可能会将受众带入其中。当观众"进入"故事中去时，他们与故事的心理距离自然就被拉近了。也就是说，一个引人入胜的故事，可以拉近观众与科学传播主题的心理距离。因此，我们可以在科学传播的故事中加入情绪诉求，将情绪作为推动整体故事发展的手段，在整体叙事中强化叙事效果。

不过，在科学传播的整体叙事中使用情绪诉求，也可能会产生一些问题。我们在本章中讨论情绪诉求时，都默认信息只会触发一种情绪。但是，在一个篇幅较长的科学传播故事中，这种只触发一种情绪的现象几乎不可能发生。在看一个包含多个人物、充满了戏剧冲突的故事时，随着情节的推进，我们可能会产生多种不同的情绪。即使我们只关注其中一段内容，也可能同时触发多种不同的情绪。

从理论的角度看，甚少有研究讨论多重情绪的效果。有研究表明，当出现多种情绪时，心理距离近的人更有可能体会到情绪的多样性，并被多元化的情绪感染；而心理距离远的人由于其对事物的认知不够深入，因此难以感受到多种情绪。

从研究方法的角度看，在研究多重情绪的效果时，我们需要思考一个关键问题，即用什么办法能证明各类情绪对科学信息传播效果的单独贡献。多重线性回归可以解决这个问题，即在测量后，将各种情绪同时置于一个回归模型中，就可以通过控制不同的情绪来发现各类情绪对传播效果的单独影响。

从测量的角度看，传统上大多采用自我汇报式的方法，让被试在量表上标注出自己此刻感受到的情绪的强烈程度。这种方法虽然经典，但存在许多问题。比如，被试可能也不清楚自己正在经历的是哪种情绪，各种情绪的强烈程度也是被试随机、主观的判断。近年来，越来越多的研究开始采用生理心理研究法测量被试的情绪。这种方法的底层逻辑是，生理反应是情绪的表征，不同的情绪对应不同的生理反应，所以，可以通过被试的客观生理反应来推测他们此刻正在经历的情绪。但是，这种方法也不一定准确，因为并不是每种情绪都能对应一种完全独特的生理反应。因此，现在的主流研究主张将自我汇报式的方法和生理心理学的方法结合起来，使分别通过两种方法得到的两组数据相互印证。

除此之外，情绪诉求的使用需要服务于故事的情节和人物。从叙事学的角度看，一个故事之所以能成功，主要取决于其情节和人物，情绪只是服务于人物的塑造和情节的发展。但是，这里存在一个问题——到底是情节还是人物影响了叙事的效果？2021年Bátint发表了一项研究成果，这项研究比较了使用幽默叙事和传统叙事的科学信息在改善荷兰儿童的口腔卫生状况上的作用。① 研究发现，幽默叙事之所以能提高荷兰儿童的口腔卫生水平，是因为故事情节引人入胜，而且孩子们非常喜欢这个故事中的人物。实际上，人物的作用在这个研究中并不明显，可能是因为创作适合儿童的故事要考虑到孩子的认知水平，而不能像创作面向成人的故事那样设计复杂、立体的人物形象。

在这项研究中，另一个值得关注的发现是，幽默叙事中的人物形象反而会削弱科学信息的教育作用。这是因为研究者在故事中设计了一个不爱刷牙的人物，这个人物因为口腔卫生的问题在社交时闹出了许多笑话。这些笑话便是这个研究中幽默叙事的主要构成。虽然这些笑话能达到吸引受众注意力、强化其信息记忆的效果，但毕竟与这些笑话绑定的信息不是关于怎样保护口腔卫生的，加上该研究的对象是儿童，他们对是非的判断能力有限，所以，尽管这些笑话对信息记忆起到了辅助、强化的作用，却对维护儿童的口腔健康起到了反作用。这个例子体现了科学传播叙事与普通叙事的一个重要区别。普通叙事往往会将人物塑造和故事情节放在第一位，而将科学事实放在第二位。为了制造情节冲突、增加故事张力，人物形象不一定要正面，人物行为也不一定要正确。然而，科学传播叙事的目标是教育，所以人物和情节设计都必须服务于这个总目标。一旦出现非正面的人物形象和行为，就有可能引起反效果。

科学传播要想真正启迪心智、改变人的行为，就要让科学信息能走进人的心中。巧妙地使用合适的情绪，是拉近受众与信息的距离的重要手段。因此，我们需要思考清楚应该在哪些议题上、针对哪些人、在实现哪种目标上，使用哪种情绪诉求才能获得最佳的传播、教育和说服效果。

---

① Bálint K, Das E, Stel G, Hoppener M, "Can a funny story about tooth brushing decrease plaque scores in children? A longitudinal field experiment," *Health Communication*, 2022, 37(7): 802−812.

### 本章思考题

1. 在本书第一章中，我们谈到了科学传播的目标。请结合本章中对不同情绪触发和作用机制的讨论，谈谈如果要实现这些科学传播的目标，应该分别使用哪种情绪诉求？

2. 科学传播的一个重要目标是培养公众对科学的兴趣。请在本章介绍的情绪中选择一种，并任意选择一个科学议题，谈谈如何通过触发这种情绪来提高公众对这个议题的兴趣。此外，你认为还有哪些方法可以测量公众对这个议题的兴趣？

# 第九章

# 社会规范在科学传播中的运用

你和朋友到一个陌生的城市旅游。一天,到了饭点你们还在街上闲逛,不知道该去哪里吃饭。这时,你看到一家饭店,主打的菜系正好是你喜欢吃的。走近一看,饭店门口早已排起了长队。你问了一下前台,得知可能要排一个小时才能有位置、吃上饭。这时,你的朋友指着不远处的一家饭店说:"那家饭店好像没什么人,要不我们去那里吃饭吧。"你迟疑了几秒钟,问朋友:"你饿吗?"在得知朋友不饿后,你说:"那我们还是在这里吃吧。这么多人排队,说明这家饭店一定好吃。"

相信上面这个例子在许多人身上都发生过。美国心理学家罗伯特·西奥蒂尼将这种现象称之为"社会认同"(social proof),也就是我们常说的从众心理。虽然每个人的情况各不相同,但绝大多数人都有从众心理。这是由人类的社会性决定的。进化心理学认为,在人类漫长的进化过程中,由于优胜劣汰,某些不利于人类生存的基因被淘汰掉了;而利于人类生存的基因被保留下来,并逐渐演化成目前在绝大多数人身上都能观察到的心理特征。从众心理便是这样一种由经过优胜劣汰保留下来的基因发展而成的心理特性。在人类发展的早期,相对渺小的人类个体无法独自与体格强壮的野兽以及严酷多变的自然环境相抗衡。迫于生存压力,人们不得不群居生活,这使得人类发展出社会属性;而社会属性带来的一个重要结果是,人们会下意识地与自己所属的群体保持一致。这就意味着,在某个群体和社会中形成的规范对人具有约束作用,社会规范影响着人的行为和生活。而一旦认同了这一点,在科学传播中,我们便能利用社会规范向公众施加压力,促使他们改变对某一问题的看法或行为。

## 第一节
## 社会规范的特征和分类

### 一 社会规范的特征

由于涉及人类的根本属性，社会规范的研究涵盖传播学、心理学、社会学等各个领域。因此，许多学者从不同方面对社会规范做出了定义。虽然这些定义各不相同，但它们却从不同角度归纳了社会规范的特征。第一，社会规范是与情境息息相关的。换言之，在某个情境下适用的社会规范，到了另一个情境下可能就不适用了。第二，社会规范对个体行为具有指导作用。这是指社会规范的基本内容，即社会规范不仅规定了什么可以做，还规定了什么不可以做。第三，虽然社会规范对人具有约束作用，但也仅仅是约束而非强制。这是因为社会规范是约定俗成的行为准则。社会规范之所以对人有约束作用，是因为人们担心如果不和群体保持一致，自己会被孤立。但是，如果一个人不在乎被群体孤立，群体规范对他/她就没有约束力。这也是社会规范与法律的根本区别，因为法律对人的约束力来自违背法律后要承担的一系列后果，而且这些"后果"是由国家暴力机关施加的，是普通人无法反抗的。除了对惩戒的担忧（如被孤立），社会规范对人的约束力还源自个体对群体的归属感和向心力。也就是说，一个人越认同自己是某个群体的一部分，他/她就越有可能自发地遵守群体规范，保持和群体一致。但是，这种对规范的遵守仍然是个人自发的决定，而非强制的结果。

## 二 社会规范的分类：按规范的来源和内容划分

社会规范在许多理论中均有被提及。概括起来，现有理论大概提到了三种类型的社会规范，这些社会规范的来源和内容各不相同。其中，计划行为理论（theory of planned behavior）将人类行为的意愿总结为三个因素影响的结果，这三个因素分别是态度、感知行为控制、主观规范。主观规范（subjective norm）指的是会对自己产生重要影响的人（如亲朋好友）希望自己做什么事。

而规范社会行为理论（theory of normative social behavior）则提到了两种社会规范，分别是描述性社会规范和指令性社会规范。与主观规范不同的是，这两种社会规范并没有强调规范的来源，但在内容上有所不同。描述性社会规范（descriptive norm）指的是在某个范围内（全社会或某一群体），绝大多数人在做什么；指令性社会规范（injunctive norm）指的是在某个范围内，绝大多数人认为什么事是正确的。描述性社会规范呈现了社会现象，而指令性社会规范则体现了社会规范对个体行为的指导作用。

描述性社会规范和指令性社会规范并不是完全独立的。有研究发现，指令性社会规范可能是描述性社会规范的结果。毕竟，当人们看到许多人都在做一件事时，他们可能会想，既然这么多人都在做这件事，这些人应该都认为这是件正确的事情。[1] 还有研究发现，指令性社会规范会调节描述性社会规范对行为的影响。当人们认为绝大多数人都认同一件事时，描述性社会规范较强，人们就越容易按照描述性社会规范行事；反之，如果指令性社会规范较弱，就会削弱描述性社会规范对个体行为的影响。[2] 这表明，人们并不是盲目地随大流，只有当他们认为大多数人都认可这种行为时，他们才会跟随主流群体做事。这一结论也体现了指令性社会规范的指导作用。

---

[1] Rui J R, Liu S, "How do social network sites influence workout intentions: A social norm approach," *Frontiers in Psychology*, 2021, 12: 753189.

[2] Lee C M, Geisner I M, Lewis M A, et al., "Social motives and the interaction between descriptive and injunctive norms in college student drinking," *Journal of Studies on Alcohol and Drugs*, 2007, 68(5): 714-721.

## 三 社会规范的分类：按规范的客观性划分

另一种方法则针对社会规范的客观性将其进行分类。按照这种分类方法，社会规范可被分为集体规范和感知规范。集体规范（collective norm）指的是在某一群体中客观存在的社会规范，是切实的、具体的；感知规范（perceived norm）指的是人们对某一群体中客观存在的社会规范的主观认知。因此，感知规范反映的是人对客观世界的主观判断。

从表面上看，由于集体规范反映的是社会客观现象，因此显得似乎更重要。但是，研究表明，感知规范对人类行为的影响更大。这是因为，人们是按照自己对客观世界的判断而不是按照客观世界本身的真实情况行事的。例如，美国大学校园的酗酒问题，就是美国大学生高估了学校里学生平均的喝酒量所致。关于这个例子，我们将在下一节展开详细论述。

感知规范和集体规范的测量方法也不尽相同。感知规范本质上是人对客观世界的主观判断，对其可以采用自我汇报式的量表直接测量。而集体规范本质上是客观行为，故测量集体规范需要收集某个群体或社会中个体行为的总和。要做到这一点并不容易，因为通常情况下，一个群体或社会中的个体数量巨大，要搜集数量这么庞大的群体的行为信息是一件非常具有挑战性的事情。传统上，研究者仍然依靠被试主动汇报自己的行为。例如，在马拉维开展的一项旨在推广安全套的健康宣教运动中，在测量使用安全套的集体规范时，研究人员采用的方法就是让参与宣教运动的人们汇报在过去一年（宣教运动持续的时间）里他们使用安全套的频率。[1] 这种自我汇报式的方法能测量集体规范的前提是，人们汇报的数据是真实且准确的，但这样的前提显然并不永远都成立。于是，研究人员探索了使用新技术测量行为数据的方法，以求能客观测量集体规范。比如，在某项关于推广运动健身的研究中，研究人员与科技公司合作设计了一款运动健身手机应用软件，该手机应用软件可以记录每个用户的运动数据。[2] 这种测量方法的数据效度当然更高，该方法也更能准确地反映使用这个应用软件的用户的运动集体规范。

---

[1] Rimal R N, Limaye R J, Roberts P, et al.,"The role of interpersonal communication in reducing structural disparities and psychosocial deficiencies: Experience from the Malawi BRIDGE project," *Journal of Communication*, 2013, 63(1): 51-71.

[2] Carpenter C J, Amaravadi C,"A big data approach to assessing the impact of social norms: Reporting one's exercise to a social media audience," *Communication Research*, 2019, 46(2): 236-249.

## / 第二节 /
## 社会规范在科学传播中的应用

### 一　源起：美国大学校园的酗酒问题

大学生酗酒是一个困扰了美国社会许多年的公共卫生问题，它由许多原因导致。在社会层面，美国社会对喝酒并不排斥，且许多美国人对美国联邦政府规定的最低喝酒年龄——21岁并不满意。喝酒对崇尚自由的美国人来说，更多地像是对代表传统的新教禁欲主义和代表权威的政府禁令的挑战。在学校，参加派对是大学生社交的一种重要方式，而参加派对就免不了要喝酒。此外，美国高校盛行的运动文化使得学校一到周末就变成了举办各项体育赛事的场所。因为在看比赛时喝酒是"家常便饭"，所以喝酒文化便在体育文化的助推下在高校推广开来。最后，遍布美国校园的兄弟会、姐妹会也推动了饮酒文化的盛行。2022年的一项来自美国各地的调查显示，在18～22岁的在校大学生中，有28.9%的人达到了酗酒的标准，即在一次聚会中男性至少喝5杯酒、女性至少喝4杯酒。[1]

从上述对美国大学校园里酗酒问题根源的剖析来看，社交是这些大学生喝酒甚至酗酒的关键因素。对于很多人而言，喝酒成为他们进入大学后结交朋友、加入社团、融入大学生活的一种社交手段。所以，喝不喝酒、喝多少酒可能并非出于自愿。喝酒可能只是因为面子或者急于融入群体才

---

[1] National Survey on Drug Use and Health (NSDUH): Public-use data (2022), see https://www.samhsa.gov/data/data-we-collect/nsduh-national-survey-drug-use-and-health/datafiles/2022.

不得不去做的一种行为。这就导致了社会规范特别是感知规范成为影响美国大学生喝酒行为的一个重要变量，这一点已经被许多研究证明。

既然感知规范会影响喝酒行为，那么美国大学生之所以会过量喝酒可能就源于他们高估了校园里的喝酒规范。这一点也得到了许多实证数据的支撑，甚至有美国大学生对同学喝酒量的估算高于实际饮酒量的140%～167%。[1]

为什么美国大学生容易高估同学的喝酒量呢？人们对社会规范的评估往往基于自己对日常生活现象的观察，而在日复一日、庸常且乏味的生活中能脱颖而出的一定不是常规行为或普通人。学生们可能更容易记住的是，某次校园派对上喝得烂醉如泥甚至出洋相的同学。学生之间口口相传、津津乐道的可能是在某一次兄弟会、姐妹会派对上喝到不省人事被送去医院门诊的同学；相反，大多数正常喝酒社交的故事不会被人们记住。用专业术语来说，过量饮酒的记忆显著性（salience）[2]更高，所以更容易被人们记住，对形成感知规范的影响也越大。

这样看来，降低美国大学校园里的酗酒问题发生的概率的方法很简单。既然这些学生容易高估喝酒的群体规范，那么只需要告诉他们真实情况就行了。这种做法体现了科学传播中的社会规范路径（the social norm approach），即以纠正错误的感知群体规范来引导个体行为的实践方法。虽然有实证数据显示了社会规范路径的有效性，但也有研究表明，这种方法在降低美国大学生喝酒量的问题上没有什么效果。这是因为，认知的形成是一个长时间的过程。这些学生可能耳闻目睹了许多人醉酒的经历，所以通过一条简单的信息告诉他们实际的喝酒量，他们可能并不买账。

另外，使用社会规范路径纠正大学生对喝酒的错误认知，这种健康干预在美国大学里很常见。例如，在密歇根州立大学，就经常使用这种健康干预。但长期的信息灌输可能会适得其反。如果大学生们屡次听闻校园里

---

[1] Lewis M A, Litt D M, Blayney J A, et al., "They drink how much and where? Normative perceptions by drinking contexts and their association to college students' alcohol consumption," *Journal of Studies on Alcohol and Drugs*, 2011, 72(5): 844-853.

[2] 显著性指的是能在记忆中脱颖而出且能被人们轻易记住的部分。一般来说，越不合常规的信息越容易因其特殊性而被人记住。

有人醉酒，而社会规范路径却告知他们其实喝酒的学生并没有他们想象得那么多，那么，这不但会遭到他们的质疑，更有可能会被他们视为代表权威的学校给他们"洗脑"的一个例子。一旦信息接受方认定传播方试图改变自己的想法和行为，他们就会产生逆反心理，这在传播学和心理学上被称为心理阻抗（psychological reactance）。这种心理会导致人们拒绝说服信息，否定其内容的真实性甚至拒绝按照它的建议去做。

即使学生们相信健康干预中提供的信息，他们也不一定去做，因为学校往往只能提供全校范围内学生的喝酒数据。但学生想融入的或者说对他们而言更重要的群体不是整个学校，而是一个个更小的团体。这就牵涉到社会规范的一个重要特征——社会规范与情境息息相关。真正能对人产生约束作用的规范，是对他们而言很重要的小团体的规范。一旦超过了这个范围，社会规范也就不具备约束作用了。

## 二 发展：社会规范的其他研究和新发现

### 1. 劝说游客重复使用宾馆毛巾

社会规范路径被运用于大学生饮酒问题之后，又有很多研究试图验证社会规范在其他议题中的有效性，并发掘社会规范作用的边界。其中，一个比较出名的例子是一项由美国学者戈德斯泰因（Goldstein）主导的田野实验。所谓田野实验，指的是不在实验室而在现实生活中进行的实验。传统的在实验室中进行的实验，其研究结果会受到实验室环境的影响。比如，人一旦进入实验室，大概率会意识到这个场所与自己平常生活的场景不一样，所以行为举止都会受到影响。这就导致在实验室中观察到的行为数据会受到诸多因素的干扰，影响实验的准确性，而且有些发现无法被直接还原到现实场景中。但是，田野实验就不存在这些问题，因为实验是在现实场景中进行的，人们毫无察觉。

这项田野实验发生在宾馆，目的是劝说住宾馆的人重复使用宾馆的毛巾。[①]一般来说，宾馆的毛巾是每天都要换的。但频繁更换毛巾不仅容易造

---

① Goldstein N J, Cialdini R B, Griskevicius V, "A room with a viewpoint: Using social norms to motivate environmental conservation in hotels," *Journal of Consumer Research*, 2008, 35(3): 472-482.

成浪费，而且不利于环境保护，所以这项田野实验也可以被看作一项以改变大众行为为目的的科学传播活动。研究人员想检验，描述性社会规范是否能改变大众的行为，使他们愿意重复使用宾馆毛巾。此外，鉴于社会规范的约束力受具体情境的限制，而情境与人的社会身份相关，所以在实验中，研究人员还操纵了描述性社会规范信息里提及的社会身份。总共有四种社会身份会被提及——性别身份、公民身份、宾馆游客身份、住在同一间房间的游客身份。游客在下榻的宾馆房间里，会看到一张挂在毛巾架上的标牌，标牌上写着劝说他们重复使用宾馆毛巾的信息，而信息则随机提到了上述四种社会身份中的一种。比如，"75%住在这间房间里的游客重复使用了宾馆的毛巾"。再加上一组不含有这类描述性社会规范的信息作为控制组，该田野实验总共包含了五组。

研究发现，强调住在同一房间游客身份的描述性社会规范收获了最好的说服效果。看到这种信息的游客重复使用毛巾的概率最高。这个结果验证了社会规范的情境属性。由于情境与身份息息相关，因此这个发现也验证了社会规范的效果受到公众群体身份的影响。对于科学传播而言，这个发现说明，社会规范运用在同质性人群中的效果最好。如果能在这样的人群中强调群体身份，就能强化社会规范的效果。这也从侧面说明了为什么在大学校园里使用社会规范信息去劝诫大学生不要喝酒的健康干预会失败。这是因为，强调某个大学学生的身份仍然太宽泛，学生们更在意的可能是学校中自己每天接触的小范围人群的行为规范。

同时，这个实验也说明了社会规范路径的一个可能的局限性。既然社会规范的约束性受制于群体，而人们不可能永远处于某个群体中，那么，通过提示人们某个特定群体中的社会规范，是不是只能起到短期效果？毕竟，人们这一秒还在这个宾馆居住，下一秒可能就离开了这个宾馆。这种变化的群体和社会身份对人的行为大概率不会产生持久的影响。除非是非常重要的社会身份，否则人们可能很难在脱离了那个群体之后仍然受那个群体社会规范的影响。

2. 劝说人们节约能源

节能减排是以环境保护为目的的科学传播中的另一个重要议题。2007年，美国加州州立大学圣马可分校的心理学教授舒尔茨（Schultz）主导了另一项田野实验,目的是劝说人们节约能源。① 在这项实验中,舒尔茨和他的研究团队区分了描述性社会规范和指令性社会规范。在进行实验的区域,每户人家均收到上一周的电费账单。电费账单上除了显示每户在上一周的总用电量,还显示这个区域的平均用电量——这是描述性社会规范信息。但是,研究人员担心,对于那些看到自家总用电量低于区域平均用电量的人来说,描述性社会规范信息可能会让他们觉得自己很节俭,这样反而会刺激他们用更多的电。于是,研究人员就决定增加指令性社会规范信息。因为指令性社会规范指的是大多数人认为什么行为是正确的,所以加入指令性社会规范可以告诉人们,控制用电量是正确的。加入这种信息或可以遏制自家总用电量低于平均水平的人家可能会出现的反弹。

数据证明了舒尔茨研究团队的猜想。的确,描述性社会规范对用电量的抑制作用仅存在于那些总用电量高于平均水平的人家中;总用电量低于平均水平的人家看到描述性社会规范信息反而会在下一周增加用电。但是,当研究人员在账单上加上笑脸或哭脸,以表示节能减排的立场时,便成功抑制了那些总用电量低于平均水平的人家的超额用电行为。这项结果彰显了不同类型的社会规范对个体行为的不同影响。因此,在科学传播中使用社会规范信息,不但需要向受众提供描述性社会规范信息,让他们知其然,还要提供指令性社会规范信息,让他们知其所以然。

此外,舒尔茨团队还想到了另一个问题,即由社会规范的情境性导致的社会规范约束力的持续时间可能较短,换一个场景可能就没有作用了。于是,他们将研究时间拉长到实验后的两周。结果显示,两周后,社会规范的影响仍然存在。当然,这可能是因为在这个实验中,人们的社会身份是某个社区的居民,这个社会身份持续时间较长且较为稳定,所以已经成为人们众多身份中的一个重要身份。因此,强调这个身份能对个体行为产生较为稳定的影响。

3. 利用社会规范信息宣传气候变化知识

在国外,许多人并不相信气候变化学说,或者认为气候变化只是一种

---

① Schultz P W, Nolan J M, Cialdini R B, et al.,"The constructive, destructive, and reconstructive power of social norms," *Psychological Science*, 2007, 18(5): 429-434.

自然规律，而非人为所致。人们可能需要有较高的文化水平和较强的思维能力才能理解关于气候变化的科学信息，在是否相信人类行为导致气候变化这个问题上，可能存在着人云亦云的情况。也就是说，人们可能更相信自己所在群体的观点。正因为气候变化观点的群体性，有些学者开始思考，是否可以利用社会规范信息改变人们对气候变化的认知。

在这一系列研究中，社会规范信息被描述为绝大多数人都相信气候变化学说且认为气候变化主要由人类行为所致。有些学者发现，向公众提供这类社会规范信息可以增加他们有关气候变化的知识，从而改变他们对气候变化的看法。例如，2013年的一项研究通过设置对照组和实验组就发现，告诉人们有97%的科学家都认为气候变化是由人类行为所致并对这一结论加以解释的科学信息，可以有助于改变人们的看法。[1]

但是，旅美学者马彦妮和她的研究团队在2019年的一项研究却反驳了这一观点。[2] 她们通过实验发现，向气候变化学说的怀疑者提供与2013年那项研究类似的信息，反而会引发他们的心理阻抗，导致他们抵制、驳斥实验信息。但这种逆反心理在气候变化学说支持者的群体中并未被发现。这一点与美国的政治环境紧密相关。在美国，气候变化是一个被高度政治化的议题。大多数共和党人否认气候变化正在发生，并且反对气候变化是由人类行为造成的这一观点。而民主党则正好相反。两党在这个议题上的分歧掺杂了太多的政治利益。这就导致在美国，人们对气候变化的认知与其政治立场深度绑定。比如，在向气候变化学说怀疑者传播关于这个话题的社会规范信息时，他们只会认为，这不过又是亲民主党的科学家们"炮制"出来的谎言。一旦认定了这样的传播动机，社会规范信息触发心理阻抗也就不足为奇了。

尽管社会规范信息是否能改变人们对气候变化认知或者对其他科学议题的看法等仍需要更多的实证研究，但马彦妮等的研究的确为在科学传播中使用社会规范信息敲响了警钟。在之前的许多相关研究中，社会规范信

---

[1] Lewandowsky S, Gignac G E, Vaughan S, "The pivotal role of perceived scientific consensus in acceptance of science," *Nature Climate Change*, 2013, 3(4): 399−404.

[2] Ma Y, Dixon G, Hmielowski J D, "Psychological reactance from reading basic facts on climate change: The role of prior views and political identification," *Environmental Communication*, 2019, 13(1): 71−86.

息涉及的内容——不要酗酒、重复使用宾馆毛巾、节约用电，都是被绝大多数人认同的。也就是说，研究人员几乎不用向被试解释为什么这些行为是正当的，被试也能理解为什么要倡导这些行为。但是，在美国，气候变化不是这样的议题。所以，如果告诉受众绝大多数人都在做一件他们反对或者至少不认可的事情，则可能会给他们造成压力，甚至被他们误读。

4. 社会规范可及性

除了发现社会规范对人类行为的影响，学者们还将社会规范这一概念进行了延伸，特别是将它与心理学上的概念可及性（accessibility）进行了合并，提出了社会规范可及性的概念。

所谓可及性，指的是某种记忆、观念、认知在大脑中被调动起来的难易程度。从测量的角度看，一般将人们对某种记忆、观念和认知做出反应的时间作为衡量可及性的指标。反应时间越短，可及性程度越高，代表人们对这种记忆、观念和认知的印象越深。

因此，学者们认为，社会规范可及性的水平越高，说明某种社会规范在人们的心目中越是根深蒂固。既然如此，这种社会规范对人的影响一般也会越强。[1]实证研究表明，社会规范可及性比单纯的社会规范能对人类行为施加更强的影响，因为一旦形成了高水平的社会规范可及性，就代表人们在这种感知规范影响下做出的行为是其下意识的反应，是已经形成的习惯。社会规范可及性的提出，意味着关于社会规范的研究重点从人的理性层面转向了下意识的习惯层面。因此，在科学传播中使用社会规范路径，除了操纵感知社会规范，可能更需要关注感知规范的可及性。

5. 规范社会行为理论的相关研究

密歇根州立大学学者玛丽亚·拉平斯基（Maria Lapinski）对社会规范影响进行了一系列的研究。在此基础上，她与约翰斯·霍普金斯大学的学者拉吉夫·里马尔（Rajiv Rimal）提出了规范社会行为理论。[2]在这里，我

---

[1] Rhodes N, Ewoldsen D R, Shen L, et al., "The accessibility of family and peer norms in young adolescent risk behavior," *Communication Research*, 2014, 41(1): 3-26.

[2] Lapinski M K, Rimal R N, "An explication of social norms," *Communication Theory*, 2005, 15(2): 127-147; Rimal R N, Lapinski M K, "A re-explication of social norms, ten years later," *Communication Theory*, 2015, 25(4): 393-409.

们将综合这些研究，探讨社会规范对人类作用、影响的边界效应。

规范社会行为理论重点解释了社会规范对人类行为的影响会被哪些因素放大，又会被哪些因素抑制。相关的结论有很多，大体可以归纳为以下三点。

第一，社会规范的作用发生在群体层面。但人类行为除受到群体层面因素的影响外，还受到个体层面因素的影响。因此，行为是个体层面和社会规范相互博弈的结果。如果个体层面的因素对行为有促进作用，社会规范对行为的影响就会相应地变弱；反之，如果个体层面的因素对行为有抑制作用，社会规范对行为的影响就会相应得到强化。例如，自我效能对个体行为能起到促进作用，因此自我效能就会削弱社会规范对个体行为的影响。

第二，社会规范的作用受到其他群体层面因素的影响。例如，集体主义文化主张个人行为与社会规范保持一致，所以在集体主义社会中，社会规范的影响会被强化。又如，与个体心理距离越近的群体，或者个人归属感越强的群体，其社会规范对人的影响就越强。

第三，社会规范的影响因具体行为不同而不同。规范社会行为理论总结了三种不同的行为属性。一是公共性。对于公共性越强的行为，社会规范的影响也越强，因为个体是否实施这种行为会对他人产生影响。二是公开性。越是要在公开场合实施的行为，个人实施这种行为的意愿就越受到社会规范的影响。其三是不确定性。因为人们在不确定自己该怎么做时才会寻求他人意见，比如在本章导入语中我们所举的例子，所以，如果人们对某种行为的后果充满了疑问，则其大概率会跟随大多数人行事。

规范社会行为理论的这些研究结论表明，我们不能在任何情况下对任何群体都使用社会规范信息。社会规范对人类行为的指导作用是有边界的。因此，这些研究对在科学传播中使用社会规范信息的最主要启示可能是，在决定是否在某次科学传播活动中使用社会规范信息之前，我们必须对行为和群体的属性进行深入的研究。

/ 第三节 /
# 怎样影响公众的感知规范

在本章第二节中,我们总结了一些使用社会规范的以改变人的认知、态度和行为为目的的科学传播研究与实践。这些研究与实践似乎说明,在议题合适、人群合适的前提下,只要向目标受众传播社会规范信息,就能改变他们的观点和行为。但是,细想下来,即使限定了议题和人群,这种认知也是有问题的。比如,如何解决社会规范的说服作用持续时间不长的问题?如何纠正目标受众的错误感知规范?

因此,除了要向公众提供目标行为的社会规范信息外,若想在科学传播中使用社会规范路径可能还有一种办法。这种办法并不是简单地向公众提供关于社会规范的数据;相反,它是从问题的源头以及影响感知规范的因素入手,利用媒体和人际传播的手段重塑公众的感知行为规范。

美国学者博萨里(Borsari)和卡里(Carey)在一篇于2003年发表的论文中指出,影响感知规范的渠道有三个:一是在生活中直接观察,二是通过自身的认知进行判断,三是直接的传播和间接的传播。[1] 所谓直接的传播就是人际传播,即直接通过与他人沟通了解社会规范;所谓间接的传播就是借助大众媒体和网络新媒体,通过这些渠道了解社会规范。因此,对于传播学者而言,最容易控制的影响感知规范的渠道就是上述的第三个渠道。

---

[1] Borsari B, Carey K B, "Descriptive and injunctive norms in college drinking: A meta-analytic integration," *Journal of Studies on Alcohol*, 2003, 64(3): 331−341.

借助大众媒体和人际传播重塑公众的感知规范，这是社会规范一般会采用的方法。例如，前文提到的在马拉维实施的推广安全套的安全性行为健康干预活动便是一例。有关活动的评估数据显示，这场干预活动影响了公众关于安全性行为的讨论，这些讨论和项目借助大众媒体的传播达到了相互补充的效果。对于充分进行了人际讨论的群体而言，大众媒体的传播对使用安全套的影响较弱；而在未充分进行人际讨论较的群体中，大众媒体的传播作用则被强化了。

在网络新媒体时代，人们的感知社会规范受到网络新媒体的影响。如果人们在新媒体平台上看到许多人分享自己实施某种行为的信息，他们就会认为该行为非常流行（描述性社会规范），也会认为大多数人对该行为持支持态度（指令性社会规范），特别是当这些行为是在传统文化中不太被接纳的行为，如酗酒等时。因为这些行为与传统社会文化格格不入，所以人们在实施这些行为之前就必须获得一些行为上的支持。指令性社会规范的内容恰恰能反映这种支持，也就能提供这种功能。

此外，在本章第二节中我们还提到，社会规范可及性比社会规范更能影响人们的行为。所以，通过媒体影响社会规范可及性，令某些规范成为人们脑海里下意识的反应和行动上的习惯，这可能是科学传播学者和从业人员可以着手研究的方向。一个典型的例子就是，新冠疫情初期，许多人出于习惯不愿意戴口罩。经过媒体孜孜不倦的宣传和现实政策的配合，许多人都养成了戴口罩的习惯。

因此，无论是通过大众媒体还是网络新媒体影响个体，无论影响的是感知规范还是感知规范的可及性，科学传播者都需要与媒体合作。首先，通过媒体宣传在全社会引起广泛讨论，从媒体到社会的两级传播，可以形成某种行为非常普遍（描述性社会规范）且受到广泛认可（指令性社会规范）的印象。其次，充分利用媒体的传播矩阵在各种媒体上形成强大的舆论攻势，可以影响人们的感知规范以及这种规范的可及性。最后，需要注意的是，单纯的重复是不可取的，必须谨防因过分重复而引起公众的反感，触发其作为心理阻抗的防御机制。因此，除了强大的舆论宣传，还要向公众充分解释为什么要这样做，特别是要说明这种行为对公众的好处。这样，一方面，这种说服信息能帮助公众充分理解宣传中建议的行为，帮助他们接受说服信息；另一方面，媒体的宣传可以加强信息在传播频率和信息总量方面的效果，双管齐下，提升社会规范信息的可及性。

## 本章思考题

1. 本章大部分的讨论均围绕描述性社会规范和指令性社会规范展开，对主观规范着墨较少。你认为在什么情况下主观规范对个体的影响会胜过前述两种社会规范？

2. 本章最后谈到了媒体对感知规范和感知规范可及性的影响。请结合议程设置理论，谈谈媒体如何塑造感知规范。

3. 在社会规范研究中有一条重要的规律，社会规范的影响因目标行为的不同而不尽相同。你认为对于什么行为而言，社会规范可及性的影响会更强？

4. 本章提到使用社会规范路径劝诫大学生减少喝酒的一般做法是告知大学生校园里大多数人每次聚会时的平均喝酒量，但这种做法不太行得通。对此你有什么改进的方法？

# 第十章

# 科学传播的方案策划

　　某天早上，你拖着还没睡醒的躯壳走进办公室，还没坐定，就被领导叫到了办公室。领导交给了你一个任务，市里马上要举办一个低碳行动的科普活动，领导要你出个策划案。在领导面前唯唯诺诺的你，一回到自己的办公室就开始气急败坏。"天天搞科普活动，哪有什么新点子？"同事提醒你去小红书App上看看能不能找到灵感。"可是所有的活动都一样啊，能有什么灵感。"你甚至抱怨道，"真不知道做这种活动的意义是什么，做完了也不知道有什么效果。"

　　的确，可能对很多人而言，科学传播的形式都差不多。无论是在城市还是在农村，无论是关于节能减排还是关于疫苗接种，无论是针对普通市民还是针对学生，方案策划都差不多。那么，是不是科学传播的方案本来就是千篇一律的？比起方案的设计和策划，更令人头疼的是不知道活动的效果如何。比如，有多少人学到了知识？人们的知识水平提高了多少？人们是不是知道了该怎么做却仍然不做？如果不能观察到效果，那做这项工作的意义又是什么呢？

　　事实上，一场科学传播活动，从策划、设计到实施、评估，有着一套完整的流程，每一步都有实证研究作支撑。那么，作为科学传播的从业人员，我们应当怎样策划一场高质量的科学传播活动呢？

## / 第一节 /
## 社会营销路径

随着媒介化社会的到来,新的媒介环境和受众对科学传播提出了内容和设计方面的新的要求。怎样才能做好科学传播?其实一直到近几十年才开始有人关注这个问题,而且关于这个问题的系统性研究其实并非来自科学传播这个领域的工作者,而是来自健康传播领域的从业人员。

健康传播与科学传播有很多相似点。健康传播本身就是科学传播的一个分支,因为健康传播的终极目标是改变公众在健康方面的认知、态度和行为。一开始,健康传播领域的从业人员与一般科学传播工作者差不多,都只是单纯地将健康知识呈现出来,然后由媒体将这些知识传播到各个地方。但是很快,他们发现了一个问题——媒体不愿意将黄金时间分配用以宣传健康科普的内容。很显然,从营利的角度看,健康传播的内容不太容易吸引广告商,所以媒体能分配用以宣传这些内容的也都是一些冷门的时段。这就造成当时的健康传播难以触达公众,至于效果就更无从谈起。于是,健康传播领域的从业人员便不得不开始思考,怎样才能突破这种困局。

1971年,美国学者菲利普·考特勒(Philip Kotler)和杰拉尔德·扎尔特曼(Gerald Zaltman)提出了社会营销(social marketing)的概念。这个概念其实脱胎于商业营销,指的是用商业营销的手段进行非营利性推广,多用于健康传播、环境传播和其他相关议题的科学传播。进行商业营销的关键是把握受众,要抓住受众的眼球,满足受众的需求,甚至为他们制造需求,从而提供受众需要的产品。同理,进行社会营销就是要以受众为中心进行健康、环境保护、科普等议题的传播。具体而言,社会营销要求我们在设计传播方案时，要遵循受众的心理规律和行动规律。例如，受众目前的认知、态度和行为处在什么水平？怎样的说服目标对受众来说是现实的？影响受众目前认知、态度和行为的因素有哪些？受众的喜好有哪些？

对于上述问题，需要经过严谨的调研才能得出结论。因此，成功的社会营销路径研究必须建立在科研的基础上。一般来说，社会营销路径研究需要遵循一个固定的流程（见图10-1）。第一步是形成性研究，即对受众的当前状况进行调查，积累关于受众的信息，以便确定传播目标；第二步是形成性评估，即在小范围内使用小样本检验传播内容，并明确传播方案的其他细节，包括设计、宣发等环节；第三步是实施方案，完成对项目的评估，一般包括过程评估和总结性评估，最后在评估的基础上形成总结报告，归纳、总结经验教训。接下来，我们就按照这个流程给大家讲解如何利用严谨的科学研究设计科学传播活动。

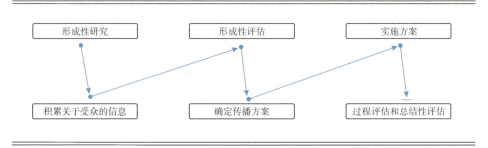

图10-1　社会营销路径

## 第二节
## 形成性研究

社会营销路径的核心是围绕受众的兴趣、需求设计传播方案，所以，受众就是社会营销路径中最关键的组成部分。在明确传播方案之前，首先应当分析受众，确定目标人群，并对目标人群进行调研和分层。通过形成性研究，我们希望获得丰富的受众数据，为传播方案策划和设计奠定基础。那么，我们到底应该研究什么呢？

一个解决这个问题的思路就是商业营销领域中的用户画像。在做商业营销之前，商家和广告商必须对目标客户进行准确的描摹，绘制用户画像。既然社会营销的灵感源自商业营销，形成性研究的目标是要了解目标受众，我们就可以通过模仿商业营销中的用户画像绘制实现同样的目标。

### 一 绘制受众画像

受众画像的概念来自用户画像，是企业用来描述目标客户/用户情况的概念。用户画像越清晰，越能全方位了解用户需求，提升广告和营销的效果。一般来说，绘制用户画像可以从三方面入手：第一，人口属性，包括性别、年龄、职业、收入、教育水平、居住区域、婚姻状况等；第二，兴趣属性，包括兴趣爱好、常参加的休闲娱乐活动、文化品位等；第三，消费属性，包括消费习惯、消费场景、消费水平等。这样一来，我们就能比较全面地勾勒出某产品目标用户的全貌，也能根据他/她的行为推断出其需求。

同理，在绘制受众画像时也可以复刻这三个方面。当然，我们需要稍稍做一些改动。

第一点仍然是人口属性，包括性别、年龄、职业、收入、教育水平、居住区域、婚姻状况等。需要注意的是，并不是所有人口统计学变量都要被纳入检测范围，只有那些可能会对传播效果产生重要影响的变量才需要被考虑。

第二点是受众的科学属性。以环境保护主题的科学传播为例，受众的科学属性就包括环境保护观念、认知和行为状况。比如，这个人对垃圾分类的态度是什么？支持还是反对？对垃圾分类有多少了解？知不知道为什么要垃圾分类？知不知道要分几类？现下有没有开始垃圾分类？

了解受众的科学属性能帮助我们对公众进行细分，以便确定真正的目标受众。回顾本书第六章讲到的社会判断理论。该理论认为，人们对许多事件已经有了自己的判断了；在这个判断值的附近波动，会形成一个针对某件事情的"同意区"。如果一条信息传递出来的观点正好在这个"同意区"里，人们就会同意这条信息；相反，就会拒绝这条信息。由此可见，社会判断理论告诉我们，在设计科学传播方案之前，科学传播者必须选择合适的目标受众，因为这可以帮助其更高效地完成科学传播的任务，把有限的人力、物力、财力用在可能会成功的群体上，巩固已有的阵营，争取能争取的中间派。

一个典型的例子就是美国的戒烟宣传。不同于我们想象中的将烟民作为戒烟宣传的目标受众，美国的戒烟宣传将这部分人放弃了。因为烟民已经形成了抽烟习惯，这些习惯可能是几十年日积月累的结果，所以烟民对香烟的依赖已经不单纯是生理上的了，更是心理、社交和身份认同层面的，劝说这部分烟民戒烟几乎不可能。与其投入大量的人力、物力、财力去做一件几乎不可能成功的事情，为什么不把时间和精力花在刀刃上呢？美国的公共卫生机构认为，这个"刀刃"就是青少年。大多数青少年还没开始抽烟，即使已经开始了也是浅尝辄止，没有形成深度的香烟依赖。所以，纠正青少年比起纠正长期吸烟且烟瘾很大的老年人来说容易得多。实践证明，这个策略是成功的。截至2017年，美国吸烟人数仅占总人口的13.9%；而在2000年，这一项数据是23.3%。青少年的吸烟率从2000年的23.0%降至2021年的2.3%。这些数据表明，把戒烟宣传的目标受众选定为青少年是正确的。

第三点是受众的媒介文化属性，包括经常使用的媒介、使用媒介的目的和行为、文化品位、常参加的休闲娱乐活动、兴趣爱好等。为什么要谈媒介文化属性呢？因为科学传播要想辐射范围比较大的人群，一定要借助传统媒体或者新媒体，所以搞清楚这些人的媒介使用情况就尤显重要。否则，一旦选错了投放渠道，信息就无法触达目标群体，更遑论通过信息对他们进行教育和说服。同时，了解受众的文化品位、兴趣爱好、休闲娱乐活动，也是为了进一步明确他们的形象，进而找到最适合他们的传播方式。比如，针对老年群体，在设计信息时，就要用老年人习惯使用的语言和图片。

要获取这些信息，传统的手段就是开展问卷调查。但是，以描述研究对象为目的的形成性研究对样本量和样本代表性均有较高的要求。[①] 近年来，随着大数据技术的普及，越来越多的研究机构和企业也在探索利用用户行为数据对受众进行画像描摹。例如，通过采集用户在社交媒体上的打卡、分享记录、搜索记录、浏览记录，可以分析出用户的消费习惯、休闲娱乐活动、兴趣爱好、文化品位等。

## 二 细化受众，明确目标人群

在充分了解受众之后，我们就可以对受众进行细化，再从中选出更少的一部分人作为科学传播的目标受众。选择目标受众的一个重要原则是人群被影响的可能性。正如上文所谈到的，我们可以考虑放弃顽固的、不可能被说服改变的群体。然后，再根据信息对人可能产生的影响的大小，将余下的人群分成一级目标受众和二级目标受众。前者是信息必须触达并会对其产生影响的人群，是首要人群；后者是相比之下不那么重要的群体。

---

① 并不是说大数据就一定比传统的问卷调查法更好，而是因为绘制用户画像的目的是描述目标人群，所以如果样本量过小或者样本偏差较大、不具备代表性，就会影响描述性研究的结果。在科学传播领域进行的形成性研究还需要检验受众的科学知识及其相关的认知行为，这些数据很难通过大数据获得。

假设现在我们要做一个关于儿童营养的科学传播项目。我们的受众是某个区域十所小学的学生和他们的父母。这个项目的一级目标受众不太可能是这些小学生，因为小学生吃什么几乎都是由家长决定的。在这里，我们用的词是"家长"，而不是"父母"，因为很多家庭中负责做饭的未必是父母。所以在这个语境下，"养育者"可能是更合适的称谓。因此，如果项目资金有限、人力有限，我们就应该将目标人群定为这些小学生的养育者，他们就是一级目标受众。如果想要囊括更多的人，则二级目标受众就是小学生本人或者其家里的其他人。

顺着这个项目延伸一下，是不是所有针对未成年人的营养科普项目的目标受众都是孩子的养育者呢？恐怕未必。如果我们希望改善住校高中生的营养状况，这个项目的一级目标受众就应该是学校食堂的经营者和管理者，因为他们决定了学生在学校吃什么。另外，一级目标受众可能也包括学生本人，因为作为住校高中生，他们有更独立的使用零花钱的权利，所以可以决定自己在学校三餐吃什么，甚至如果学校允许，他们也许还会点外卖。

如果这个项目聚焦学龄前儿童，就或许没有必要将孩子纳入目标受众的范围了，因为这些孩子决定自己吃什么的主观能动性较弱。在这个项目中，一级目标受众可能是家里负责做饭的人，二级目标受众是其他家长，因为其他家长可能会与家里的"大厨"讨论应该给孩子吃什么。

## 三 了解受众现状，确定传播目标

在这个阶段，我们需要重点回答两个问题。第一个问题：在已选定的议题上，受众目前的认知、态度和行为处在什么水平？这个问题的答案可以在形成性研究的科学属性信息中找到。在这个基础上，我们提出第二个问题：怎样的说服目标对于受众来说是现实的？

让我们来回顾一下科学传播的目标。在本书第一章中，我们说过，科学传播的目标是多元的。于个人而言，科学传播的目标包括培养兴趣、培养意识、改变态度、改变行为；于社会而言，科学传播的目标包括组织动员、监督与政治参与；于某个科学事件而言，科学传播的目标包括影响个体和社会；从长远而言，科学传播的目标是提高全社会的科学素养，培养大众的科学精神。如果我们仔细推敲一下这些目标之间的逻辑关系，就不难发现这些目标是分层级的。按照实现的难易程度排序，最低一级的是培养兴趣，接下来依次是增强意识、改变态度、改变具体行为，最后是培养科学素养和科学精神。所以，我们需要对一级目标受众的现状进行评定，以便制订一个现实的目标。

以艾滋病的宣传、防治为例。在本书第七章中，我们讲到拓展的平行过程模型可作为风险传播的理论框架。根据拓展的平行过程模型，风险传播信息可分为威胁信息和效能信息两部分：威胁信息谈艾滋病的严重性和易感性，效能信息谈预防艾滋病方法的有效性、提高受众践行这种方法的信心。假如科学传播者来到一个村庄，这里的人感染艾滋病的比例很高，可能几户人家中就有一个艾滋病病人。在这种情况下，科学传播者就不需要再向村民告知艾滋病的严重性了，因为这对他们而言不是一个新的知识点，他们不需要接受教育就已经充分了解这个情况了；相反，科学传播者需要了解的可能是村民感染的渠道和原因是什么。如果是高危性行为，科学传播者可能需要追问下去，他们为什么会进行高危性行为；如果发现主要原因是没有渠道获取安全套，科学传播者就可以将传播目标确定在行为改变层面，其主要思路就是增强村民获得安全套的便利性。

需要指出的是，很多科学传播不可能会产生立竿见影的效果。意识和行为的改变是长时间潜移默化的结果。所以，如果当下不能使目标受众有较大程度的提升和改变，就只能期待时间会带来改变。而科学传播者能做的也只有一步步地改变其目标人群。

## 四 影响受众目前认知、态度和行为的因素

现在科学传播者知道了目标受众在观念、认知和行为上处在一个什么水平，并且明确了要在哪些方面改变他们，但还需要知道的是，为什么他们会出现现在这样一个状况，换句话说，影响目标受众目前认知、态度和行为的因素到底有哪些。

要回答这个问题，就要借助相关的理论模型。科学传播的方案策划和

内容设计属于科学传播的效果与策略研究，这部分的理论大多源于健康传播领域和环境传播领域，一是因为这两个领域的很多议题属于科学议题范畴，二是因为这两个领域的策略传播研究已经比较成熟了。而这两个领域的策略研究中的很多概念和理论又发端于心理学，因为只有了解了受众的决策和行为逻辑，才能设计出符合他们心理规律的传播方案和信息。

本书的前面几章已经陆续介绍了一些常用的理论视角和理论模型。无论是风险传播理论还是情绪诉求的研究，无论是社会规范视角还是叙事说服研究，都从认知、情感、社会因素等角度揭示了人们在与科学相关的决策和行动上的规律。在选择理论模型时，需要结合对实践的理解，在此基础上选择合适的理论视角和概念模型，具体操作过程不再赘述。

## / 第三节 /
## 形成性评估和传播方案策划

### 一 形成性评估

既然已经明确了影响受众目前认知、态度和行为的因素，科学传播者就可以将这些变量编入信息中。例如，本书第七章讲到一个将解释水平理论和拓展平行过程模型结合的研究，研究对象是在某地5个受噪声污染的工厂工作的工人。[①] 该研究发现，第一，噪音的感知严重性正向影响其使用减噪设备的意愿，但仅限于年轻工人；第二，使用减噪设备的反应效能正向影响其使用减噪设备的意愿，但仅限于工龄长的工人；第三，使用减噪设备的自我效能正向影响其使用减噪设备的意愿，该影响适用于任何群体，但在工龄长的工人中影响更大。基于这些发现，可以提出如下传播方案。第一，在新员工培训中强调安全生产作业时，务必强调噪声污染的危险；第二，在针对老员工的安全生产培训中，需要强调减噪设备对工人保护的有效性，为工人提供使用减噪设备的指导，特别是要针对他们在使用这些设备时提出的问题进行解答。这种形成性研究主要采用问卷调查的方法，直接找出关键的影响因素，然后根据研究发现提出传播方案。

但是，有时候我们并没有直接的数据表明影响受众目前认知、态度和

---

[①] Liang S, Rui J R, Xu P, "Risk or efficacy? How age and seniority influenced the usage of hearing protection devices: A cross-sectional survey in China," *Safety Science*, 2022, 154: 105858.

行为的因素有哪些。或者,有时候这些数据并不能直接转变为传播信息,因为信息中的文字、图片、声音等元素都有可能影响传播效果。所以,有时候我们还需要进行形成性评估。简单来说,形成性评估是对形成性研究结果的一次检验。通过实验法,将可能影响受众目前认知、态度和行为的关键变量纳入信息中,比较不同元素组合的信息对受众的影响和效果,从而决定在正式实施传播方案时应选择何种信息。

以本书第七章中的另一个研究为例,研究试图探究不同信息框架对环境保护行动的影响是否取决于受众的心理距离/解释水平。研究发现,当被试的解释水平高时,阅读威胁信息最能促进环境保护行为;当被试的解释水平低时,阅读效能信息最能促进环境保护行为。[①]这个研究的结果就可以直接被运用到传播方案中。总之,形成性研究这一步是为了在小范围内使用小样本先检验一下传播信息是否有效。如果有效,就可以大范围推广信息。

## 二 信息的呈现方式

除了信息的内容,另一个需要考虑的是信息的呈现方式。如前文所述,网络新媒体时代的传播技术可以对受众产生多重感官刺激和高度刺激,这些传播技术必须充分调动受众的视觉、听觉、触觉甚至味觉和嗅觉。在这方面,视觉设计研究提供了很多案例。

在许多食品广告中,广告商也常常使用视觉元素和听觉元素来增加食物的吸引力。例如,许多广告会用视觉或听觉语言展现肉的鲜嫩多汁、薯片的爽脆口感、水果蔬菜的新鲜(见图10-2)。

---

① Chu H, Yang J, "Risk or efficacy? How psychological distance influences climate change engagement," *Risk Analysis*, 2020, 40(4): 758-770.

图10-2　食品广告中的视觉元素

　　国外有研究表明，如果在食品广告中出现了吃食物的画面，就会刺激人们的食欲，增强食品对人们的吸引力。[①] 如果在吃食物的画面中再加入一些特殊的用以展示食物特征的视觉元素和听觉元素，以及一些显示人们非常享受美食的镜头，就会产生更强的效果。

　　此外，如果传播活动是在科学馆和博物馆里举行的，我们就可以考虑利用最先进的技术增加公众与展品的互动。事实上，已经有许多博物馆和科学馆采用了这些交互技术。需要注意的是，虽然交互技术可以实现这种多重感官互动和刺激，但在技术之外还要考虑功能性。对于科学传播而言，功能性就是指需要服务于科学传播的目标（增加知识、改变态度、改变意识等）。但是，目前交互技术在很多科学馆和博物馆的应用都走技术路线，即更倾向于给公众展示酷炫的技术，而不是思考通过酷炫的技术给观众带来什么。作为设计者和科学传播工作者，我们的工作是通过技术更好地将公众与科学联系在一起，帮助公众更好地理解科学、爱上科学。因此，除

---

① Liu J, Bailey R L, "Investigating the effect of use and social cues in food advertisements on attention, feelings of social support, and purchase intention. Advance online publication," *Health Communication*, 2020, 35(13): 1614−1622.

了考虑技术层面的问题,我们更需要考虑技术的功能性,使其能更好地服务于科学传播的目标。

## 三 传播方案的实施细节

除了内容,我们还需要考虑以下三个问题:第一,应该在什么时间、通过什么渠道以及在什么地点实施传播方案(即宣发的时间、渠道和地点)?第二,需要获得哪些机构、单位和组织的配合?第三,需要哪些人员参与?他们的职责分别是什么?后两个问题属于组织动员层面的问题,这里我们重点讲第一个问题。

首先,为什么需要考虑宣发?如果想确保科学传播的效果,最起码的一点,就是要保证信息的触达。这也就是我们必须搞清楚目标受众的媒介使用习惯的原因。

选择宣发的时机,本质是争夺流量,所以很多宣发策略其实就是在"蹭热度"。但从大脑运作的机制看,将宣发与热点事件绑定有着更深层次的心理学依据。当某一信息进入人们的大脑里后,它会像一颗种子一样潜伏起来。等到日后有相关信息刺激它时,它就会再度活跃,人们也就能回想起这个信息。如果某条信息经常出现在媒体上或者经常被人提起,在这种反复的刺激下,你自然就会很容易记住它,将来别人可能随口一提你就想起来了。但是对于缺乏反复刺激的信息,你可能过一段时间就忘记了;或者就算记住了,将来可能需要花很长时间、绞尽脑汁才想得起来它的内容。本书第九章提到,记忆的这种属性称为可及性,其程度高低决定了将来调动这段记忆的难易程度。

另外,不同的记忆之间是有关联性(association)的。比如,提起中东,大家的第一反应可能是石油、战争、沙漠,但绝对不可能是海滩、酒精、烟草。这是因为,在媒体对中东的报道里,石油、战争和沙漠总是同时出现,所以一旦提起了其中一个概念,就很自然会想到其他概念。

可及性和关联性解释了为什么科学传播需要和热点事件进行绑定。首先,很多热点事件因为媒体的宣传和炒作,再加上身边人的讨论,其实是在反复刺激人们的大脑。所以,这种事件在人们的大脑里形成的记忆就很容易被调动起来。同时，由于媒体反复炒作，与很多热点事件一并出现的其他概念和事件也很多。所以，一旦其中一个概念被提及，联想到这个事件的概率也会随之增加。

因此，"蹭热点"并不是什么不入流的手段，而是有科学依据的决策。在现实生活中也有许多"蹭热点"的宣发例证。例如，某明星猝死成为热点话题，许多媒体和平台都报道了这件事，许多科普（如心源性猝死、心肺复苏）宣传也提及了这件事。又如，健康科普都会根据时令调整主题，在春天科普花粉过敏，在夏天科普热射病。还有根据高热度的娱乐事件、政治事件选择相关的科普议题，都是科学传播中"蹭热点"的例证。

除了宣发的时机，科学传播者还要考虑宣发的渠道。这就是之前讲到的要根据受众的媒介使用习惯，选择最容易触达他们的渠道。在考虑宣发的渠道时，有一个问题需要考虑，那就是采用线上还是线下宣传的形式。如果采用线下宣传，就要考虑如何选择开展传播活动的地点。关于这一点，有三个问题需要考虑。一是地点的流量，即是否有很多人经过。这一点的重要性不言而喻。二是到这个地方的人是否是你的目标受众。许多科普活动选择在社区进行，但社区里的主要人流是老年人、孩子，如果在晚上举办活动则还能吸引到一些中青年人参加。但如果活动的目标受众不是老人和孩子，那么在社区举办活动其实是没有效果的。三是人们为什么来这个地方。以科学馆为例，科学馆是进行科学传播的场所，但是应该怎么在科学馆进行科学传播？我们需要考虑上面提出的第二个和第三个问题。来科学馆的人主要是家长和孩子，其中小孩是一级目标受众，家长是二级目标受众。至于来科学馆的原因，主要可能不是学习，而是进行亲子活动、娱乐、打发时间，学习只是一个次要原因。所以，在科学馆搞科学传播注定了不可能搞硬科普，教育的目的必将让位于娱乐。设计者必须思考怎么让来科学馆的人玩起来。在玩的时候如果能顺便学到一点知识，这已经非常难得了。最后，即便学不到任何东西，如果孩子在科学馆对某方面内容产生了兴趣，这也是比学到知识更难得的收获，因为兴趣是学习的内驱力。

综上所述，本书花了许多篇幅讲解形成性研究。或许你会觉得已经讲了这么多，怎么还没进入科学传播的实施阶段。所谓"磨刀不误砍柴工"，这就是在以科学研究为基础的科学传播的前期必须做出的投入。

## 第四节
## 传播方案的评估

在形成性研究的基础上确定了科学传播方案后,接下来,科学传播者就可以实施方案,并对其进行评估。一般而言,科学传播的评估方法可分为以下两种,且这两种评估方法都是比较成熟的评估方法。[①]

第一种是过程评估,主要包括四个维度。一是传播广度。如果是线下活动,衡量传播广度的指标就是参与人数;如果是线上传播,衡量指标就是阅读量、点赞量、评论量、完播率、转发量。二是受众从活动、推文或视频中接受的信息量。比如,一项活动给受众提供20个信息点,受众能记住多少个信息点。三是受众对信息的理解是否准确。四是受众对活动、推文或视频的主观评价和反馈,大体上包括趣味性、权威性、可信度、知识性、有用性等。

第二种是总结性评估,主要是为了检验该活动、推文或视频是否完成了预期目标。例如,如果举办某次科学传播活动是为了提升受众的知识水平,就需要考察受众参加活动后,其知识水平是否真的有所提高。又如,如果某次科学传播活动的目的是激发学生对某个议题的兴趣,就需要检验参加活动的学生对这个议题是否变得更感兴趣了。总之,总结性评估是对传播项目完成度的检验。总结性评估从本质上来说是实验,所以一般采用的方法也是前测、后测对比,或者将控制组(没有参加科学传播活动的人)

---

① 参见芮牮、刘颖《健康传播效果研究的缺失与路径重构》,载《新闻与写作》2020年第8期,第59-67页。

与实验组（参加了科学传播活动的人）进行对比。通过定量对比的方法，可以衡量科学传播活动在多大程度上实现了目标。但是，仅有定量研究的数据，我们也只能做到知其然。所以，有时候我们还需要做访谈，以便了解某次科学传播为什么出现某种效果，以及问题出在哪里。

以上我们梳理了怎样以严谨的科学研究作为背书，设计、实施和评估科学传播。需要指出的是，这样一个流程固然严谨，但如果要完整、严格地实施起来，则需要投入大量的人力、物力和财力。更重要的是，在现实生活中，许多单位或机构会反复针对某些固定的议题进行科学传播，通过前面的积累，可能已经掌握了许多经验教训，特别是对公众情况的了解。因此，不是每次策划科学传播活动时，都必须严格按照这个流程来进行。

本章试图传达的一个核心思想是，一个科学传播活动的内容和形式并不是随意决定的；相反，使用理论模型和实证主义研究方法设计严谨的科学研究，可以为我们科学传播方案的策划和实施提供背书。即使并非每一步、每一个决定都要经过研究，我们也应紧紧围绕受众策划和设计方案，利用我们对受众的了解，以保证方案的质量和活动的效果。

### 本章思考题

1. 如果要鼓励人们购买用环境保护材料制成的服饰或箱包，那么一级目标受众应该是谁？

2. 如果想吸引受众的兴趣和注意力，就应该选择受众感兴趣、与受众相关的主题。也就是说，应该根据形成性研究的结果来确定主题。对此你怎么看？

3. 在现实生活中，很多选题并不是由公众的兴趣或需求决定的。假设某次活动的主题既与公众的日常生活没什么关系，又不能引发公众的兴趣，请问可以用什么方法让公众愿意参加这个活动。

第四编

# 第十一章

# 科学传播的社会化路径

2022年，中共中央办公厅、国务院办公厅印发《关于新时代进一步加强科学技术普及工作的意见》。该意见指出，要强化基层科普服务，"鼓励有条件的地区开展全领域行动、全地域覆盖、全媒体传播、全民参与共享的全域科普行动"[①]。这样一种全域科普行动的目标显然不可能由一个人、一个团队或一个组织实现。在我国，科学传播主要由政府主导。除此之外，是否可以探索出另一条由社会力量主导的科学传播道路？本章将探讨科学传播的社会化道路，分析当前科学传播的问题和挑战，通过分析国内外优秀科学传播案例，思考如何让科学传播更加民主、开放和多元，让更多人、更多团体参与到科学传播中来，以更好地推动科学传播的发展。

---

① 《中共中央办公厅、国务院办公厅印发〈关于新时代进一步加强科学技术普及工作的意见〉》，见中国政府网（https://www.gov.cn/zhengce/2022-09/04/content_5708260.htm），刊载日期：2022年9月4日。

## 第一节
## 我国科学传播的现状

### 一 现状描述

在我国，现有的科学传播工作通常由政府主导。政府通过一系列的政策和措施，提供经费支持，以推动科学知识的普及和传播。具体而言，政府主要通过以下三种主体进行科学传播。

首先是大型科研机构。政府支持的大型科研机构，如中国科学院、中国工程院等，通过开展科研项目、举办学术会议、与媒体合作制作科普节目、发布科普文章等方式，向公众传播科学知识，提高公众的科学素养。

其次是博物馆、科技馆和学术组织。政府投资建设博物馆、科技馆等科普场馆，并支持学术组织举办各类科技活动，为公众提供直观、生动的科学传播体验。这些活动通常以展览、讲座、互动体验等形式呈现，使公众能够亲身参与并感受到科学的魅力。

最后是国有企事业单位。这些单位大多通过内部培训、参与公共科技活动等方式，将科学知识传播给员工和公众。

与此同时，近年来随着社会的发展和互联网的普及，社会力量也在逐渐崛起。一些社交媒体平台、科普图书、科幻文艺作品等由个人或非政府组织主导的科学传播，已成为政府主导下的科学传播的重要补充力量。这些个人或非政府组织往往采用更加灵活、创新的方式，将科学知识传播到更广泛的受众中。这种多元化的参与有助于弥补政府主导模式在某些方面的不足，使科学传播工作更贴近民生、更具活力。

但值得注意的是，我国的科学传播工作仍处于起步阶段，社会力量参与仍然不够，主要的、有影响力的科学传播工作大多仍然由政府主导完成。这也产生了一些问题。首先，我国的科学传播缺乏市场机制，致使科普产业的创新性和发展活力不足。其次，科学传播的形式和内容相对单一，缺乏多样性和创新性，无法满足公众日益多样化的需求。最后，科学传播的内容与公众的实际生活脱节，缺乏实用性、不够生活化，无法真正激发公众对科学的兴趣和热情。

## 二 问题分析

如前所述，经费不足、人才短缺、政策支持不够等都是科学传播工作难以有效开展的原因。具体而言，目前存在的突出问题主要有以下三点。

第一，科学传播缺乏市场机制，致使科学传播参与主体的"造血"能力不足。长期以来，科学传播被定位为公益事业，缺乏市场机制的参与和竞争。这导致科普产业的发展势能未能被充分地释放出来；科普产品更多地散见于不同的产业门类中，缺乏多样性和创新性；科学传播管理主体待明确，市场主体待培育。

第二，科学传播形式单一，缺乏创新性。许多科学传播活动仍然采用传统的单向传播模式，缺乏互动性和参与性。这种单一的模式往往会使公众感到枯燥乏味，无法激发他们对科学的兴趣，导致科学传播的效果和质量受到限制。

第三，科学传播内容缺乏实用性，不够生活化。政府主导的科学传播有时需要服务于国家重大发展战略，如航空航天、地球科学。但这些科学传播议题并不总是与公众的生活密切相关，故而无法解决公众的实际问题。这不仅会削弱科学对部分民众的吸引力，而且无法让这部分公众感受到科学的价值和魅力。

## 三 问题解决

通过上述分析，我们可以看到当前科学传播中存在的问题和挑战。科学传播社会化或可解决这些问题。首先，走社会化道路可以激发企业参与科学传播的热情，解决"造血"能力不足的问题。其次，社会化意味着引入市场机制，这将促使科学传播的主体更加重视公众在科学传播中的地位和作用，创造出为公众所喜爱的科学传播作品。最后，由于公众的作用得到了重视，科学传播在议题的遴选和内容的设计上也会更贴近公众的需求，科学传播也就更容易帮助民众提高解决问题的能力。接下来，我们将结合社会化科学传播的案例，探讨怎样推动政府和企业、研究机构、科普场馆等组织共同努力和协作，以实现科学传播的多样性和创新性发展。

## 第二节
## 科学传播案例分析

### 一 科研机构

科研机构在科学传播中扮演着重要的角色。科研人员或参与、策划、举办科普活动,或举办线上、线下科普讲座,或利用网络新媒体吸引公众参与到科学传播活动中。

（一）线下科普活动

科研机构进行科学传播的最主要的形式是举办科普活动。例如,自1994年开始,英国科学协会每年都会举办一次为期10天的英国科学周活动,每届活动都能吸引来自英国各地约百万人通过各种方式来参与。该活动通过举办科学讲座、实验展示、互动体验等形式,向公众介绍科学的魅力和价值。此外,该活动还邀请科学家与公众进行面对面交流、解答公众的疑问和困惑,增强公众对科学的理解和兴趣。英国各地的高等院校、图书馆、博物馆会在科技周期间举办数千项科普活动。位于伦敦的帝国理工学院、科学博物馆、自然历史博物馆、皇家格林尼治天文台等都是英国科技周的主要活动场所。中小学教师普遍认为,学生们在科学博物馆和自然历史博物馆现场很容易习得诸多在课堂上难以理解的原理。

我国也有类似的活动。例如,自2018年起,中国科学院每年都面向社会公众推出大型科学嘉年华活动——中国科学院科学节。该活动由主场活动和一系列的研究所科普活动构成,注重科学与文化、艺术的充分融合,主场活动设在北京。在科学节期间，中国科学院会邀请众多科学家和专家参与活动，与公众进行面对面的交流和互动。同时，该活动也会举办各种展览、实验展示、互动体验等，让公众亲身感受科学的魅力和乐趣。此外，该活动还会举办各种科普讲座、科学实验等，让公众更加深入地了解科学的原理和应用。

### （二）线上科普活动

随着网络新媒体的兴起，科研机构也利用这一新兴媒体阵地向公众传播科学信息。中国科学院物理所运营的各类新媒体账号粉丝总量超过800万，在B站的视频直播最多时有144万人同时观看；2022年跨年科学演讲连办3个晚上，约700万人次在线观看，热点话题整体曝光量超4亿。一个以严谨著称的传统研究所，做的科普节目频频走红、"出圈"。[1] 在本书第二章中，我们提到过，网络新媒体的一大特征就是互动性很强。中国科学院物理所在利用网络新媒体的互动性与公众交流互动这一点上走在了国内许多科研机构前列。他们尝试了时下几乎所有的最流行的网络媒介形式，包括公众号、短视频、直播，带领人们走近科学，同时向大众传递"科学也可以很可爱、很好玩"的理念。

这种在科学传播形式上的创新至少具有三个好处。其一，新颖的、强互动性形式吸引公众对科学的关注，增加了公众对科学的兴趣。其二，这些科学传播活动使得中国科学院物理所在一众科研机构中迅速"出圈"，起到了对机构的宣传作用。其三，这些科学传播活动打破了公众对科学家的刻板印象，拉近了公众与科学家的距离，也间接提升了公众对科学的兴趣。

### （三）以维基百科教育平台为媒介的科学传播活动

此外，科研机构还利用其承担的教学任务，发动学生向公众传播科学知识。荷兰乌得勒支大学（Utrecht University）的海洋学教授埃里克·范·塞比尔（Erik van Sebille）将他的气候物理硕士课程的期末考核方式从撰写论

---

[1] 参见吴月辉《中科院物理所积极探索——利用新媒体 科普路子新》，见中国科学院网（https://www.cas.cn/cm/202202/t20220214_4825136.shtml），刊载日期：2022年2月14日。

文改为创建维基百科页面。他与维基百科教育平台（简称"维基百科"）开展合作，要求学生每人向该维基百科提交一篇海洋学相关的文章作为其课程作业，该作业中至少包含一张示意图或插图。由于维基百科的受众既包括专业人士，也包括许多非专业人士，学生在文章中就要将高度复杂的概念分解为相对简单的术语，以文字和图像解释海洋学现象和原理，确保他们的文章全面、详细且能为广大读者所理解。

这种形式，不仅可以使学生更加深入了解海洋学科的知识，也有助于拓展公众可获取的海洋学知识、提高公众对海洋学的认知水平。目前，有越来越多高校在推广这种形式，将以课程相关内容为主题编写维基百科词条作为课程作业的一部分。

### （四）公民科学

自20世纪90年代中期以来，公民科学（citizen science）的概念日益受到关注，并逐渐成为一个新的研究领域。公民科学通常指公众参与科学研究，并产生新知识的有意识的合作模式，又称公众参与式科学研究。[①] 美国公民科学中心将其定义为，志愿者与科学家一起回答有关真实世界的问题的科学项目。这意味着，公民科学需要公众充分理解并广泛参与研究活动。

#### 1. 奥杜邦圣诞鸟类普查

公民科学并非当代社会的产物。早在19世纪末到20世纪初，北美地区在圣诞节期间流行着一种名为"Sidehunt"的节日传统，其以参与者射杀的鸟类和其他小动物的数量作为评判标准，谁捕获带羽毛或皮毛的猎物最多，谁就是胜利者。许多科学家担心这种狩猎的传统会导致鸟类数量的下降。1900年，奥杜邦早期官员和鸟类学家弗兰克·查普曼（Frank Chapman）提出了一项新的节日传统——"圣诞节鸟类普查"，即在节日期间对鸟类进行计数，而不是捕猎它们，为圣诞节期间的狩猎活动提供了新的替代方案。

此后第一年的圣诞节，在查普曼的启发和带领下，27名志愿者在美国

---

[①] 参见何鑫《公众参与鸟类研究：公众科学的典型应用》，载《科学》2022年第74期，第5—9、69页。

和加拿大进行了25次鸟类观察计数，统计出90个物种18500只鸟类。① 自此，奥杜邦圣诞节鸟类普查活动便一直持续进行并延续至今。每年的12月14日至下一年的1月5日，北美各地数万名观鸟志愿者都会参与其中，共同完成鸟类数量和种类的普查活动。志愿者可以在网站的地图上选择观察和计数的站点，每个站点负责收集半径15英里②范围内的鸟类数量。

现在，奥杜邦圣诞节观鸟活动是世界上最大的观鸟活动之一，也是北美地区运行时间最长的一项公民科学项目。它由众多普通民众共同参与完成，提供了西半球鸟类物种的年度普查结果。与1900年27人清点25个区域的情况相去甚远，这项活动已发展到全球共计有2600多个计数圈和76000多名志愿者观察员。③ 在2022年，第122届奥杜邦圣诞节鸟类普查活动中，参与者们统计出超过4200万只鸟，约2500个不同物种。④ 如今，每年都有超过75000名志愿者参与到这项公民科学活动中来，而且不仅仅是美国和加拿大，西半球20多个国家的志愿者也都积极参与其中。

志愿者在过去一个世纪收集的数据使得奥杜邦研究人员、保护生物学家、野生动物机构和其他感兴趣的个人能够研究北美各地鸟类种群的长期健康状况并指导保护工作。这些数据不仅为保护鸟类及其栖息地的策略提供了支撑，还有助于解决对人类也有影响的环境问题。

2. AgeGuess

如果说奥杜邦圣诞鸟类普查是线下的公民科学活动，那么新媒体为公民科学提供了新的参与形式，AgeGuess就是一个以在线网络游戏为媒介进行的公民科学项目的案例。在这个项目中，每一位公民科学家都可以通过上传自己或者他人过去的图像，并提供关于图像人物的基本信息包括年龄、性别、种族和国籍。此外，参与者还可以猜测其他人上传的图像人物的年龄，每次猜测后，用户都会看到图片中人物的真实年龄、其他用户之前猜

---

① Audubon: "History of the Christmas bird count," see https://www.audubon.org/conservation/science/christmas-bird-count/history-christmas-bird-count.

② 1英里≈1.609千米。

③ Audubon: "Audubon invites volunteers to join the 123rd Christmas bird count," see https://www.audubon.org/news/audubon-invites-volunteers-join-123rd-christmas-bird-count.

④ Audubon: "The 122$^{nd}$ Christmas bird count summary," see https://www.audubon.org/news/the-122nd-christmas-bird-count-summary.

测的汇总统计等信息。为了进一步激励参与者，上传图片或者猜测年龄都可以获得积分，并且游戏会根据参与者猜测年龄的准确性奖励一定数量的积分。在个人账户页面，用户可以看到累计获得的积分数、猜测次数以及完全准确猜测的比例。在游戏网站的排名榜上，用户还可以通过分数来比较他们与其他用户相比的猜测年龄的能力。

通过参与 AgeGuess，志愿者可以在游戏过程中为人类衰老研究提供宝贵的数据集，帮助研究人员发现更多关于年龄描述的信息，为未来的研究和预测提供支持。基于 AgeGuess 公民科学项目中公众的参与和帮助，研究人员可以更好地应对人口老龄化带来的挑战，并为社会和医疗领域提供更准确的解决方案。[1]

### 3. Zooniverse 公民科学社区

Zooniverse 是一个由公民科学联盟运营的在线公民科学平台网站。它从最初的"银河动物园"（Galaxy Zoo）项目发展而来，拥有许多允许和需要公众志愿者参与的科学研究项目。Zooniverse 的项目通常需要普通民众作为志愿者积极参与，以共同完成研究任务。Zooniverse 的项目所涉及的学科包括天文学、生态学、细胞生物学、人文学科和气候科学。目前，Zooniverse 已发展到包含超过 150 个不同的研究项目，Zooniverse 社区已有 100 多万名注册志愿者。

以 Zooniverse 已经完成的一个项目为例。[2] 由加拿大马尼托巴省温尼伯阿西尼博因公园动物园的研究人员在 2016 年发起的 Beluga Bits（"白鲸碎片"）项目旨在探究每年夏季成千上万造访加拿大马尼托巴省丘吉尔河河口的白鲸的生活习性和社会结构。公民科学家们可以通过两种方式参与：第一种方式是在白鲸季节时，在河口看到白鲸或其他有趣的物种时拍摄快照，或者是在观看直播时收集白鲸快照。第二种方式是对收集到的图像进行分类。该项目自 2016 年成立以来，其范围每年都在扩大，现在有超过 25000 名注册参与者，已完成近 500 万个分类。正是由于公民科学家的积极参与，研究人员发现了白鲸群有趣的"玫瑰花结"结构，识别出哈德逊湾的新水

---

[1] AgeGuess: "Welcome to AgeGuess," see https://www.ageguess.org/home.

[2] Zooniverse: "Beluga Bits," see https://www.zooniverse.org/projects/stephenresearch/beluga-bits.

母物种,并根据照片中的独特标记来辨别和观察两条不同的鲸鱼。通常情况下,监测白鲸等北极海洋哺乳动物是非常不易的。发动公众参与到这个项目中来,有助于生物学家监测白鲸种群以发现威胁,并在其数量下降之前采取管理行动。

## 二 科普场馆

科普场馆是进行科学传播的重要场所之一,其通过展览、实验展示、互动体验等方式,向公众传播科学知识,提高公众的科学素养。大型科普场馆是城市科普产业链的中心环节。国际上不同城市具有多元的科普产业格局和特色,这些产业又会带动城市的经济发展和文化创新。例如,美国的博物馆在带动税收、就业、收入和GDP(国内生产总值)方面都有重要作用。2016年博物馆对美国经济的影响总值达到500亿美元,相当于美国当年GDP总量的0.3%,为美国提供了约72.62万个工作岗位。[①]接下来,我们为大家介绍一些国内外知名的科普场馆。

### (一)上海天文馆

上海天文馆是上海市政府投资兴建的大型科普场馆,位于中国(上海)自由贸易试验区临港新片区,占地面积约5.8万平方米,建筑面积约3.8万平方米,是全球建筑规模最大的天文馆。主建筑以优美的螺旋形态构成"天体运行轨道",独具特色的圆洞天窗、倒转穹顶和球幕影院三个圆形元素构成"三体"结构,共同诠释天体运行的基本规律。室外绿化勾勒出星系的旋臂形态,与"星空之境"公园自然衔接,充分体现了建筑与生态的有机融合。上海天文馆以"塑造完整宇宙观"为愿景,努力激发人们的好奇心,鼓励人们感受星空、理解宇宙、思索未来。其主展区包括"家园""宇宙""征程"三个部分,全景展现宇宙浩瀚图景,打造多感官探索之旅,帮助观众塑造完整的宇宙观。

---

① 参见倪闽景《打造创新型城市的未来科普产业》,见中国政协网(https://www.rmzxb.com.cn/c/2023-06-01/3353995.shtml),刊载日期:2023年6月1日。

上海天文馆充分利用虚拟现实（VR）、增强现实（AR）等技术，为观众提供沉浸式的天文体验。观众可以通过VR设备身临其境地探索宇宙的奥秘，通过AR技术与展品进行互动，了解更多天文知识及其细节。这种沉浸式、交互式的体验方式能够让观众更加深入地了解科学知识，增强观众的参与感，为公众打造了世界上最大的沉浸式宇宙科普漫游空间。

（二）深圳福田红树林森林公园

在新洲河与深圳河交汇处，是有着"深圳湾的小钥匙"之称的福田红树林生态公园。这个公园既是深圳中心城区与福田红树林国家级自然保护区之间的屏障和缓冲带，又是生态环境修复提升的重点区域，更是面向市民展开生态科普教育的最佳场所。

目前，由红树林基金会担任公园管理方，逐步形成了"政府+专业机构+社会公众参与"保育模式。2022年11月，在《湿地公约》第十四届缔约方大会（COP14大会）日内瓦会场，福田红树林生态公园被授予全球首批"湿地教育中心星级奖"，福田案例进入"全球最佳湿地教育中心"行列。

福田红树林生态公园内的科普展馆，是了解红树林的好去处。馆内展陈共分为红树林世界、鸟儿乐园以及公园基址历史变迁三部分。其中，红树林世界深入讲解了红树林湿地地貌环境；鸟儿乐园描述了深圳湾丰富的鸟类资源和迁徙路径；公园基址历史变迁还原了渔村的生态原貌，展示了红树林的地理文化变迁。另外，市民还可以预约有趣且专业的湿地教育系列课程，在娱乐中学习有关湿地保护的知识。

（三）南京红山森林动物园

南京红山森林动物园是中国唯一自收自支的公益性动物园，集野生动物保护、动物科普教育、科学技术研究及文化娱乐休闲四大职能于一体。同时，它也是中国野生动物保护科普教育基地、江苏省野生动物救护中心、国家4A级旅游景区。

与大多数动物园不同，2011年，南京红山森林动物园率先取消动物表演，成为中国第一个取消动物表演的动物园。因此，红山森林动物园一直被网友称为"爱心动物园"。作为一家自收自支的动物园,封园就代表零收入,因此2020年突如其来的疫情对红山森林动物园造成了冲击。为了解决这个问题,工作人员开始在社交平台直播、创造营收,自此红山森林动物园开始了它的"网红"之路。红山森林动物园开创了许多吸引公众参与的新形式,如呼吁民众认养动物、向社会征集新出生的动物的名字、进行动物园直播。事实上,直播已经成为红山森林动物园的一个招牌。讲解员在直播中会像介绍节目嘉宾一样介绍动物们,介绍它们各自的性格、爱好和趣味故事。在直播中,饲养员还会向公众展示他们给动物备餐、喂食、打扫卫生的过程,同时介绍一些关于动物的知识。

### (四)澳大利亚国家植物园

澳大利亚国家植物园是一座被列入世界遗产名录的植物园,位于澳大利亚首都堪培拉,始建于1949年,于1970年正式对外开放。它拥有世界上最多的澳大利亚本土植物,其现存植物包括来自全国各地的超过78000种植物,占澳大利亚所有物种的三分之一。

为吸引广大游客前来参观学习,澳大利亚国家植物园会不定期地开展形式多样的新活动,让游客在每一次的游览中都有新奇、惊喜的体验,以吸引更多人来参观、了解和欣赏澳大利亚的植物和环境。例如,"日落电影院"让游客可以在大自然的环境中观看电影,拉近人与自然的距离;举办摄影展,在游客中心的画廊中展示游客们在植物园观赏时拍摄的一系列照片,旨在吸引更多游客主动探索发现、欣赏和珍视澳大利亚独特的植物群;每周四举办午餐讲座,讲座的内容涵盖澳大利亚和全球自然界的各个方面,通过讲座向普通民众传递生态学、植物学方面的知识。

澳大利亚国家植物园为儿童定制了独特的游览路径和活动,目的在于培养孩子们的绿色意识并向公众普及植物知识。例如,"WhoDidThat"儿童步道,这是一条专门为儿童设计的游览路径,路上设置了许多低矮的路标,方便孩子们阅读这些路牌上的内容。同时,沿途设置了许多互动装置和游戏,孩子们可以从中观察和了解植物或野生动物。此外,植物园还提供了活动手册,方便父母为孩子们介绍沿途的动物和植物。

澳大利亚国家植物园开发了许多与植物、植物园相关的学习课程，并在官网中设有专门针对学校的科普教育板块。另外，植物园为学校师生提供免费的与澳大利亚植物相关的学习资料以及免费参观场地的机会；开设面向学生的护林员指导课程，由经验丰富的护林员讲解植物和植物园的故事；全年都会举办学校假期活动，包括与护林员一起散步、养蜂讲座、夜游、爬行动物邂逅等，以及青少年护林员计划。

通过这些努力，澳大利亚国家植物园为公众，尤其是学生和儿童提供了丰富的科普教育资源与参观体验，促进了公众对澳大利亚植物遗产的认识和理解。这些举措也将植物园打造成了一个活跃、生动的教室，帮助人们探索人、植物和动物之间的联系。

### （五）芝加哥科学与工业博物馆

芝加哥科学与工业博物馆是西半球最大的科学博物馆，也是世界上最大的科学博物馆之一。博物馆共有三层，包含70多个展厅，收藏了超过2000件不同种类的展品。其致力于反映科学发展的历史，并力图向人们展现科学未来的发展图景，同时也关注科学教育与普及。

博物馆几乎涵盖了所有科学和工业领域，汇集了气候、天体物理、化学、医学、冶金、交通和工程领域等多个展厅。这些展厅大多设置了一些供游客互动体验的展品和装置，公众可以身临其境地参与各种展项和实验，深入了解太空探索、生态平衡、能源科技等相关前沿知识。例如，在博物馆的"科学风暴"展区中，公众可以观看到模拟的闪电、火焰、雪崩等自然现象。公众还可以通过控制台自行制造一场龙卷风或一场海啸，并亲身体验到龙卷风或海啸来临时的感觉。通过这些互动展项，公众不仅能清楚、直观地了解这些自然现象背后的科学和成因，还能在互动体验中加深对所学知识的印象。

博物馆的官网上还设有专门的实验板块，公众可以随时通过这个页面进行线上的科学活动和主题的学习体验。该页面主要用于展示在线教育活动项目，包括动手实验、视频和游戏三大板块。在动手实验板块，网页罗列了一系列简单、常见的实验，并详细说明实验所需的步骤、材料、实验原理等内容，同时附上具体的操作视频，公众可以跟随视频的指导完成实验；视频板块以博物馆的展览和展品为主，可使公众了解展览背后的故事或对展览内容进行延伸和拓展，如展示动物宝宝的诞生、U505潜艇的搬家等；游戏板块则包含了物理、生物、化学等不同主题的游戏，这些游戏兼具知识性和趣味性，通过寓教于乐的方式，公众既能体验到游戏的乐趣，又能以轻松、愉悦的方式学到科学知识。

科普场馆作为科学传播中的重要参与主体和基础设施，承载着传播科学知识、激发公众科学兴趣、提升公众科学素质的重任。纵观国内外优秀的科普场馆科学传播案例，越来越多的科普场馆在科学传播的形式上不断创新，科普理念也从单向传播科学知识向鼓励公众在参与互动中感受科学魅力转变。一方面，科普场馆逐渐引入网络直播、VR和AR设备、人工智能等数字化技术手段，让公众能够通过生动有趣的互动体验亲身感知科学的魅力；另一方面，科普场馆持续优化自身的传播手段，通过开展科普讲座、设计科普课程、开发多样化的科普作品（如科普书籍、游戏、作品）等方式拓展其传播范围、扩大自身的影响力。科普场馆积极探索创新有趣的传播形式，为科学传播的方式和观念的转变带来新机遇。

## 三 企业

企业在科学传播中具有巨大的潜力，不仅可以通过产品研发和技术创新为科学传播提供支持，还可以通过开展科普活动提高公众的科学素养。与其他参与科学传播的主体不同，企业的科学传播活动往往围绕其所在的行业或产业开展，通过企业投入人力、财力、物力等资源并结合自身的生产经营进行。此外，还有部分企业自主开展科学传播活动。企业进行科学传播的目的不仅在于满足公众对科学知识和企业科技成果的好奇，更重要的是通过科学传播活动来提升企业的社会形象，这使得科学传播成为企业进行宣传营销的重要手段。例如，法国雪铁龙、日本丰田、德国宝马纷纷在所在城市开设主题型博物馆，使之成为城市地标。目前，我国的科学传播还存在企业主体发育不足、市场化盈利能力不够强、产业化程度不够高、专门从事科学传播的企事业单位过少等问题。接下来，我们将向大家介绍一些企业参与科学传播的优秀案例。

## （一）福特荣格工厂

福特荣格工厂（Ford Rouge Factory）是一座位于美国密歇根州的汽车制造厂参观中心，它是福特汽车公司旗下工业旅游参观项目的重要组成部分。福特汽车公司以福特荣格工厂为基地，利用旅游参观的形式向公众展示福特汽车公司的历史和技术发展，并通过在参观过程中设置的各种活动和互动项目，向公众普及汽车知识和科技，增强消费者对汽车行业的了解、提升其兴趣。

福特荣格工厂建造了多个供游客参观游览的场景，包括遗产剧院、制造创新剧院、观景台、工厂步道和遗产画廊，为游客提供了参观厂房的机会，让他们可以亲眼观看和了解汽车生产过程与细节。在参观中，游客可以观看福特汽车明星车型"F150"的生产线，与工人面对面交流，亲身体验汽车制造的过程，并深入了解汽车的各个组成部分和工艺技术。此外，工厂还会举办各种创新展览，向公众展示汽车行业的最新科技和创新成果。例如，展示福特公司的自动驾驶技术、电动汽车技术和智能交通系统等，让参观者了解并感受未来汽车技术的可能性。同时，专业解说人员会为游客详细讲解汽车的各个方面，使游客能够更好地理解和掌握汽车知识。

福特荣格工厂特别注重游客在工厂参观游览过程中的互动性、参与性，为游客提供了各种知识实践活动，如组装汽车引擎和布线板等。通过亲身操作，游客可以更深入地了解汽车的基本原理和技术要素。工厂内还设置了可供游客体验的互动项目，如驾驶模拟器、虚拟展览和快照活动等。这些项目通过现代科技手段，吸引游客更深入地探索汽车的内部构造、驾驶技巧和科技创新。

除了工厂的参观旅游项目，福特荣格工厂还以参观中心为基地，拓展了一系列教育项目，旨在向学生和教师传授汽车技术和相关知识，如汽车工程实验室、汽车设计竞赛等活动，帮助学生们理解汽车制造的过程和科技创新。同时，福特荣格工厂面向不同年龄段的学生开放不同的学习课程，举办多样化的夏令营活动，以文物探索、动手实验等形式激发年轻学生的好奇心和热情。

通过这些努力，福特荣格工厂不仅成为福特汽车进行企业宣传的旅游景点,更成为一个重要的汽车知识科普基地和宣传中心,吸引众多游客和汽车爱好者前来参观。同时,它也为福特汽车公司提升了知名度并带来了极大的商业效益。

### (二)"一滴油的奇妙旅行"科普展览

由国家互联网信息办公室和国务院国有资产监督管理委员会主办、中国石油化工股份有限公司承办的"一滴油的奇妙旅行"互动探秘科普展览于2015年启动。它是我国能源化工领域首个互动探秘科普展,以一滴油的视角,展示石油化工全产业链和氢能、地热等新能源的核心成果。

该展览于中国科技馆进行了为期三个月的展示。展馆分为"掘进深地""油生万物"和"探索未来"三个展区,每一个展区都运用了时下最前沿的人工智能和视听手段,以及寓教于乐的互动体验装置,从原料到成品、从深地到太空、从日常衣食住行到高精尖技术,让参观者多角度、全方位了解能源化工行业知识和科技成果。同时,展览规划了形式多样的科普教育活动,如定期邀请行业专家进行分享的"科普大讲堂"、科学小实验演示等,以激发青少年的科学兴趣和科学想象力,传递科学家精神。

此外,该展览还同步上线了元宇宙科普小程序"零碳星球之旅",通过数字孪生技术,将线下展厅和线上空间进行映射,延展了实体展的虚拟空间,让科技与知识在无垠数字世界中更好地传播。用户可通过小程序注册专属的元宇宙数字身份,化身"超能研究员",与星球原住民"小石头"一起开启能源探索之旅。石化科研站和能源博物馆、深地一号和奇妙的冶炼工坊、未来能源实验室和净化研究所等一系列互动关卡,让用户解锁知识和乐趣,在游戏中探索更多的科学奥秘。

### (三)Bilibili超级科学晚

2023年10月28日,B站首次举办了"bilibili超级科学晚",一改传统晚会的节目表演秀,以科学为主题,将晚会直接变成大型实验现场,让前沿科学以实验秀的形式走到大众面前。晚会邀请了月球及火星探测器副总设计师贾阳、中国科学院院士褚君浩、中国工程院院士李培根、诺贝尔化学奖获得者迈克尔·莱维特等九位特邀嘉宾。这些来自不同领域的科学巨擘与B站知识区UP主同台，共同展示了九场融合演讲与实验的硬核科学秀。

在超级科学晚的下半场，B站公布了"哔哩哔哩2023年度五大科学焦点"——AIGC（artificial intelligence generated content，人工智能生成内容）、室温超导、脑机接口、黑洞以及可控核聚变。这五类话题的入选依据是过去一年B站用户在知识和科技品类的播放、投稿、互动综合数据，其中AIGC相关话题的视频播放量超过90亿，全站UP主投稿视频数量高达330万条之多，成为站内热度最高的科学技术领域视频。B站不仅学习氛围浓厚，而且日渐成为科学内容普及的主阵地。

B站作为最受欢迎的弹幕视频网站之一，以其丰富的文化社区、多元的文化圈层、年轻的核心用户等特征在众多视频网站中独树一帜。近几年来，B站开始大力扶持科普知识类视频创作。2020年，B站将知识区独立为一级分区，入驻的优质科普创作者和发布科普视频数量不断增加。B站成为院士入驻最多的互联网平台，累计有600多位名师、学者入驻[1]，累计入驻的知识类UP主数量也超300万[2]。如今，B站已经成为科学研究者和科学传播从业人员向大众分享、传播科学知识及应用的不可或缺的平台。

### （四）科幻产业

企业参与科学传播的另一种主要形式是发展科幻产业。通过发展科幻产业将科幻大众化，吸引大众更加关注科学与未来，企业可以间接地传递科学知识、创新理念以及未来科技的可能性，同时树立积极的企业形象。企业的具体参与形式包括投资科幻主题的文艺作品、围绕科幻IP（知识产权）开发衍生产品等。其中，围绕科幻核心IP进行衍生品开发是一种有效的商业策略，可以在多个领域创造巨大的市场价值。例如，迪士尼公司的科幻IP《星球大战》就带动了游戏、周边、主题乐园等相应市场高速增长。

---

[1] 参见《B站发布〈知识学习与网络视频社区研究报告〉共有2.43亿人和你一起"云端学习"》（http://www.xinhuanet.com/2023-04/04/c_1129494988.htm），刊载日期：2023年4月4日。

[2] 参见《B站发布2023年度ESG报告：超2亿用户在B站学习知识，超300万UP主在B站获得收入》（https://news.qq.com/rain/a/20240409A074XU00?suid=&media_id=），刊载日期：2024年4月9日。

2013年，Electronic Arts（电艺公司）与迪士尼达成协议，获得《星球大战》IP改编游戏的独家授权，其中包括《星球大战：前线》系列和其他衍生作品。这些游戏不仅受到粉丝喜爱，还在市场上取得了良好的销售业绩。此外，大量的《星球大战》图书和漫画作品还拓展了宇宙的故事线，为粉丝提供了更多的阅读和收藏选择。而迪士尼乐园中的《星球大战》主题园区——银河边缘，更为游客提供了一个身临其境的星球大战体验。《星球大战》的成功在于其深厚的故事基础、广泛的文化影响力以及能够横跨多个娱乐领域的强大适应能力。这也表明了一个成功的科幻IP可以在不同领域创造持久的商业价值，并成为一个全球性的文化标志。

我国近年来也产生了一些具有国际影响力的科幻作品。例如，刘慈欣创作的长篇科幻小说《三体》，在国际上取得了巨大的成功，拥有广泛的影响力。腾讯公司作为《三体》IP的主要投资者和推广者，在商业和品牌形象方面都取得了显著的成果。通过《三体》这一科幻作品，腾讯公司向公众展现了其对科技发展的深远想象。小说涉及的众多前沿科学理论和技术，如量子计算、黑暗森林法则等，不仅激发了公众对科学的兴趣，还展示了腾讯公司对未来科技发展的前瞻性思考。与此同时，B站也通过投资科幻动画系列《我的三体》，成功将刘慈欣的科幻小说呈现给年轻观众。这部动画以其独特的制作风格和严谨的科学设定，赢得了大量粉丝，进一步推动了科学传播。除此之外，《三体》的周边产品还包括大量的图书衍生品，如小说的英文版、特别收藏版等，这使得相关的IP开发更有可能进入国际市场，进一步增强中国科幻文学的国际影响力。

上述案例表明，企业通过发展科幻产业的形式参与科学传播，不仅能够提升品牌形象，还能有效吸引目标受众，增强与公众的互动。同时，这些作品所传达的科技理念和人文精神，也有助于推动社会对科技的接受和理解。

总而言之，企业作为科学传播的社会化主体之一，以其专业资源、创新的传播手段和资金支持，在科学传播社会化过程中扮演着推动科学知识和科技创新成果普及的重要角色。企业通过投入资源和开展与公众的互动，既可以更好地传播科学知识、激发公众对科学的兴趣，又可以进行推广与宣传，提升企业形象。

## 四 民间科普组织和科普达人

除了上述三大类别,近年来涌现出许多积极参与科学传播的民间组织和科普达人。他们充分利用网络新媒体对个体赋能的优势,开展科学传播的形式创新。

### (一) TED Talks

TED(指technology、entertainment和design在英语中的缩写,即技术、娱乐和设计)是美国的一家私有非营利机构。TED始于1984年,最初是一个致力于讨论技术、娱乐和设计的会议,2006年6月27日在网上首次发布了TED Talks视频。同年9月,TED推出的演讲视频观看次数超过100万次。2007年,TED网站围绕TED Talks发布演讲视频,致力于让全球观众免费接触到世界各地的思想家、领导者和教师。

TED Talks如今已经成为一种全球性的演讲活动,演讲涵盖的主题丰富多样,探索从科学和商业到教育、艺术文化、社会现象与全球问题等各个领域,旨在通过不同领域的演讲者展示和分享思想、经验和见解。在全球性的科学传播方面,TED Talks扮演着重要的角色。TED Talks邀请来自世界各地的科学家、医生、教育家、工程师等专业人士。许多TED Talks演讲者都是在他们各自的领域里非常权威和知名的专家,他们需要在15分钟至20分钟的演讲中介绍和解释各种科学概念、实验和研究。通过清晰简洁的语言、图表和实际示例,TED演讲者能够将科学领域的复杂概念传达给普通观众,使科学变得易于理解和接受。这种传播方式比传统的学术文献与科学期刊更加亲近和有趣,让普通人也能够了解并跟上最新的科学发现和突破。

TED Talks的影响力不仅在于其演讲本身,还在于使无数人通过在互联网上免费共享这些演讲视频来获得科学知识。人们可以在TED的官方网站以及其他平台上观看这些视频。TED Talks通过提供多种语言字幕,在全球范围内促进了科学知识的传播和普及。

2012年11月13日,TED宣布其视频观看次数已达到十亿次。[1] 这足以

---

[1] TED Staff,"TED reaches its billionth video view!",见https://blog.ted.com/ted-reaches-its-billionth-video-view/,刊载日期:2012年11月13日。

证明 TED Talks 在科学传播方面所做的努力以及获得的成功。TED 成为当前世界上最受欢迎的技术网站以及最受欢迎的会议和会议活动网站。

(二)果壳网

果壳网于 2010 年正式上线。它将自身定位为一个开放的、多元化的泛科普科学文化平台,致力于面向公众倡导科学理念、传播科学主题内容。果壳网以"科技有意思"为口号,向广大公众进行科学传播和知识分享,提供可信、有趣、易懂的科普内容。

果壳网发布大量的科普文章和视频,主题涵盖物理学、天文学、地理学、生物学、化学等多个科学领域。这些内容的创作者通过浅显易懂的语言、生动有趣的插图和形象的示范,向读者传递科学知识。果壳网于 2012 年上线"果壳问答"社区,这是一个可供用户与用户、用户与专业人士互动的平台。用户可以在这里提出问题或回答问题,讨论各个科学领域的话题。科学爱好者和专业人士可以在这里互相交流、分享知识与观点。

果壳网的科学传播能够被大众接受和认可,还在于其建立的科学家社群和撰稿团队的专业支持。在果壳网的原创编辑团队中,除了有专业编辑,还有许多科学顾问以及 1000 多名科学作者,几乎覆盖自然科学的所有学科,同时涉及工程科学、社会科学的部分研究领域。在搭建科学和大众之间桥梁的同时,果壳网也在不断努力降低科学家参与科普的门槛。果壳网通过与国际著名学术出版机构的合作,可以常规性地获得关于最新科研进展的消息,第一时间解读科研最新进展,尤其是和中国有关的科研进展,果壳网都能及时进行报道和解读。

此外,果壳网开发了许多有价值的"科学文创"产品。2015 年春节前,果壳网首次推出《城市物种日历》,把科学知识转化成画面精美的生活日用品;以日期为线索,每天对应推送一篇关于物种的科普文章。此后,"物种日历"系列书/产品成为果壳网每年春节最畅销的文创产品之一。除此之外,果壳网也陆续推出了量子积木、果壳 Tee 等周边产品,以文创、周边产品为载体,融入相应的科学知识,实现科学传播与商业化营利共赢。

### （三）科普达人李永乐

作为清华大学、北京大学的高才生，李永乐毕业后成为北京人民大学附属中学物理教师。起初，李永乐为了缓解备课压力，开始录制教学微课，并上传到互联网上。直到2017年，他的一段教学视频《闰年是怎么回事》在一天之内播放量超过了2000万次，还被《人民日报》等媒体转发。后来，李永乐又陆续上传了一些科普视频，从此踏上了互联网科普的道路。

从2018年开始，李永乐陆续通过其微博、微信公众号和B站账号发布自己制作的科普视频。他制作的视频都是从生活中的现象出发，以幽默风趣的方式解读科学问题，挖掘背后的数学和科学原理。为了进一步吸引受众的关注，李永乐会以近期发生的社会热点事件作为问题引入。例如，2018年高考前他以《高考中遇到了不会做的题，应该怎么办》为大家讲述经济学中的沉没成本，用概率论探讨《考清华和中500万哪个更难》。

目前，李永乐已经在互联网上传了近千条科普短视频，活跃于不同的媒体平台，粉丝量超千万。他的视频科普内容涉及物理、化学、天文、生物、地理等各个领域，而且包含了一些深入、前沿的科学知识，使受众可以从多个角度和层面了解和认识科学。重要的是，他的视频讲解都非常"接地气"，总能深入浅出地讲解复杂的知识和原理，把枯燥乏味的科学知识变得生动有趣，使观看他视频的受众能真切地感受到科学并不遥远，科学就在身边。

总之，李永乐凭借其高超的专业水平、丰富的知识储备、幽默风趣的讲述和生动有趣的呈现方式，将科普与社会热点相结合，打破了网友了解与认识科学的壁垒，让科学变得更加贴近人们的生活，深得广大网友的喜爱。

## 第三节
## 科学传播社会化的潜在问题

当下,科学传播的参与主体越发多元,形式也越发丰富多样,创意手段层出不穷,科学传播社会化特征逐渐显现。科学的传播与普及是全社会共同的责任与义务,是需要企业、公众和各种社会力量支持与参与的全民工程。因此,科学传播从政府主导向社会化道路转变成为必然趋势。科学传播走向社会化意味着科学传播有望构建起多元主体参与、多种社会资本共建的格局,而我国的科学传播工作也将迎来新的发展机遇。然而,新的机遇往往伴随着新的挑战。目前,我国的科学传播工作仍然处于起步阶段,在科学传播社会化进程中不可避免地会遇到一些问题与困难。

第一,科学传播社会化的监督机制尚未建立。以往,我国的科学传播工作由政府主导,并未建立起有效的外部反馈与监督机制。科学传播向社会化转变后,有更多的社会化主体承担和开展科学传播工作,不同主体进行科学传播的目的和方式各不相同,而缺乏监督机制则难以对科学传播的方式和质量进行规范与约束。在科学传播过程中,有些个人或组织可能会为了自身利益不顾所传播内容的真实性与权威性,导致公众误解科学知识或产生错误的观点,无法从根本上保证科普活动的公正性和客观性。此外,缺乏监督机制还容易引发一些有意利用科学传播进行商业性牟利的行为。目前,科学传播社会化相对有效的反馈机制是依靠市场反馈,通过大众的反馈和喜好实现优胜劣汰。但过度依赖市场机制也有弊端,因为市场的反应速度往往落后于实际问题的发生速度。比如,只有当某些企业因逐利而导致虚假产品流入市场并对民众造成了伤害,民众才会做出选择,这时才会倒逼企业进行整改。但在科学传播的语境中，这些问题可能是人命关天的大事。

第二，科学传播社会化可能会导致冷门的议题无人问津。由于科学传播社会化目前只能以市场的反馈作为传播效果的判断依据，并通过市场竞争机制实现科学传播成果的优胜劣汰，因此市场的逐利性就会导致大量的科学传播的资源和重心倾向于一些更加热门和大众化的话题，如医疗保健、食品安全、环境保护等。相比之下，物理、天文等与日常生活关系不大的议题却无人问津。加之这些冷门议题本身就具有一定的专业性和理解门槛，这就意味着要传播这些知识需要投入较大的资源。所以，在科学传播社会化的背景下，全社会对这些冷门的议题的关注度不够，导致其很难在公众中得到广泛的传播和讨论。

第三，科学传播社会化的参与者素质和水平参差不齐。科学传播社会化需要多元主体的参与，但不同主体的科学素养和专业水平存在差异。一些参与者具有扎实的科学知识和业务技能，能够科学、准确地向公众传播科学知识和信息。然而，也有非专业的个人或组织可能因缺乏学科背景和专业知识，容易出现信息误导或知识传递不够严谨的问题，或为了追求点击率和流量，而忽略信息质量本身的重要性，导致其创作的科普内容质量不佳。

总之，我国的科学传播社会化道路并非一帆风顺，存在着缺乏监督机制、冷门议题无人问津、参与者素质和水平参差不齐等问题，给科学传播带来极大的挑战。我们应该积极正视并坦然面对这些问题与挑战，努力探索可行的解决路径，推动我国科学传播社会化道路迈向新的发展和实现质的飞跃。

### 本章思考题

1. 走社会化道路对科学传播的意义是什么？
2. 应如何平衡科学传播的广泛性和深度？
3. 应如何确保科学传播的质量和准确性？
4. 应如何平衡政府监管和科学传播社会化之间的关系？